ものづくり心理学

こころを動かすものづくりを考える

神宮英夫 著

川島書店

ま　え　が　き

　ひととものとの関係を考えてみる。店頭に並んでいる製品やさまざまな形態のサービスなどにひとが接したとき，ひとは多くのことを感じる。明確に意識できることから，“何となく”感じる無意識的な側面まで，多様な感じ方がある。さらに，今後の購買行動やブランドイメージや企業イメージの形成にとって，明確に意識できることだけが関わっているわけではない。むしろ，“何となく”の側面の方が，大きな影響力を持っていることが往々にしてある。

　ひとがものと接したときに感じたこころの働きを明らかにして，ものの品質内容との紐付けができれば，そのようにこころを動かすことができるものづくりが可能になる。明確に意識できることは，言葉を使用した方法でデータ化できる。しかし，“何となく”の側面をデータ化して見える化することは，かなり難しく単純ではない。この点に着目して，多くの企業との共同研究を通して，さまざまなチャレンジをしてきた。この成果が製品として発売されたものもあり，学会でも発表してきた。本書は，このような成果をまとめたものである。

　“何となく”の見える化によって，他社とは異なる，さらに今までのものづくりとは異なる，新たな可能性を追求することがで

きる。こころを動かすことができるものづくりが可能になるような，「ものづくり心理学」としての応用実験心理学の確立を本書では企図した。

　今まで，多様なものに関わる企業との共同研究を進めてきた。化粧品，食品，家電，情報機器，車，製薬，製紙，印刷，プロデュース，など，"紙オムツから自動車まで"の，エンドユーザーを対象とするものづくりに関わってきた。この場を借りて，企業の方々と共に研究に携わってくれた学生たちに，感謝申し上げたい。

　終始お力添えいただいた川島書店の杉秀明氏には，衷心より御礼を申し上げたい。杉氏とは，1993年に出版した『スキルの認知心理学―行動のプログラムを考える―』と1996年の『印象測定の心理学―感性を考える―』と1998年の『はじめての心理統計―統計モデルの役割と研究法を考える―』とに続いて，4度にわたりお世話をいただいた。

　最初の『スキルの認知心理学』は，東京都立大学（現在の首都大学東京）に提出した文学博士の学位論文の一部を元に執筆したものである。2度目の『印象測定の心理学』は，東京学芸大学時代に始まった企業との関わりがきっかけとなり，これらの成果をまとめたものである。3度目の『はじめての心理統計』は，企業との共同研究で培った統計の知識を，心理学に合うようにまとめたものである。今回の本書は，2000年に金沢工業大学に移り，今まで以上に積極的に企業との共同研究を行い，これらの成果をまとめたものである。工業大学での心理学はどうあるべきかとい

うことを常に考えながら，共同研究を進めてきた。その答えをある程度出せたのではと思っている。

　なお，本書で引用した論文は脚注に記したが，これらの転載については，日本官能評価学会，日本人間工学会，日本味と匂学会，日本感性工学会，商品開発・管理学会，日本経営工学会，から許可をいただいた。

　2017 年 11 月

神 宮 英 夫

目　　　次

まえがき

1章　ものづくり心理学とは ……………………………… 1

  1　ものづくりの流れ　2

  2　ひととものとの関わり　4

  3　時系列変化　8

  4　こころに沿ったものづくり　9

2章　こころの働きを知るために ……………………… 11

  1　心理物理学との関係　12

  2　評価用語　14

  3　こころの働きの顕在化　17

3章　ものづくり心理学の背景 ……………………… 19

  1　官能評価の役割　20

  2　個人差の意味と役割　26

  3　評価の階層性　28

  4　潜在性の見える化　31

目　次　v

4章　"何となく"の見える化 …………………………… 33

　1　適切な評価用語の特定　34
　　1-1　QDA法　34
　　1-2　オノマトペ　38
　　1-3　感嘆詞　41
　2　言葉の裏に隠れた潜在性　44
　　2-1　インタビューの解析　45
　　2-2　評価用語の関係性　50
　　2-3　行動指標　53
　　2-4　行動観察　58
　3　こころの働きの顕在化　61

5章　"何となく"の品質化 …………………………… 69

　1　評価と品質の対応　70
　2　製品間の関係分析　74
　3　共感覚的表現による品質構成の特定　82

6章　心理的付加価値 …………………………………… 89

　1　情意の間接測定　90
　2　記憶に残る品質化　98
　3　○○感の品質化　102

7章　評価の時系列性 …………………………………… 117

　1　時系列の重要さ　118

2　連用の効果　　122

3　イベントの評価　　126

4　評価と品質の対応　　130

5　記憶による時系列評価　　136

6　曲線描画法の展開　　144

8章　ものづくり心理学の可能性 ………………………… 151

1　ものづくりの流れのなかで　　152

2　心理学への多様な展開　　153

3　ものづくりの新たな指針　　155

文献 ………………………………………………………… 159

索引 ………………………………………………………… 163

1章

ものづくり心理学とは

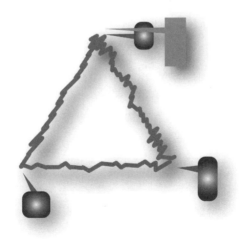

2

　ひとがものと接したときに，さまざまなことを感じる。このことが，購買行動やブランドイメージの形成などに大きく関係してくる。どのようにそのものを受け止めたかを明らかにできれば，よりよいひととものとの関係を構築する手がかりを得ることができる。受け止めるということは，ものに対する心理的な関わりであり，これを明らかにしてものづくりに活かすことが，“ものづくり心理学”（engineering psychology）である。

1　ものづくりの流れ

　ものづくりには，2つのアプローチがある。一方は，解析的アプローチで，既存品の問題点を解決して改善するアプローチである。他方は，このようなものを作りたいとか，このような機能を顧客に提供したいというような，製品コンセプトを具現化する設計的アプローチである。

　解析的アプローチでは，何がしかの不具合があり，これを改善していくことになる。通常は，顧客からのクレームや要望が寄せられ，これらに基づいて，改善の方向が決まり，そのために何をどう変えればよいかを調べて，その結果が品質の変更に繋がり，リニューアルされる。例えば，ある製品の使いやすさについて，顧客からとても使いにくいというクレームが寄せられたとする。この使いにくさは何が原因かを，行動観察や評価実験などのユーザビリティーテストによって明らかにする。この原因を解決するためには，どのような品質あるいはデザインの変更をすればよい

かを考え，改善品の試作が行なわれる。既存品とこの改善品とで，ユーザビリティーテストを行ない本当に改善されているかを確認して，この解析的アプローチは完結する。このアプローチでは，改善の方向性について，顧客あるいは作り手はある程度明示的に意識しており，言葉で表現されるので，比較的容易にものづくりが進んでいく。

　設計的アプローチでは，もちろん製品コンセプトが言葉で表現され，このことを品質につなげていく必要がある。この場合，言葉で表現された明示的な内容だけを品質に落とし込んでも，実は顧客や作り手は満足しない。コンセプトの中には，むしろ暗示的で何となく感じている，そして情意に関わる気持ちの側面が，大きなウェートを占めていることが多々ある。このような何となくの側面を，"ペルソナ"の手法を使って明示化しようとしたりする。例えば，「ホッとする缶コーヒー」というコンセプトで製品開発を目指したとする。このようなコーヒーは，どのような年代で，どのような職種で，どのような場面で，どのような背景を持った人（ペルソナ）に飲んでもらえるかを，設定してみる。このことによって，なぜホッとしたいのか，なぜ缶コーヒーなのか，何を期待して飲むのかなど，より詳細な状況がはっきりしてくる。このことによって，「ホッとする」ことを，甘味で表現すればよいのか香りで表現すべきかの見極めが可能となる。これを積み重ねることで，品質の具体化が進んでいく。もちろん，この見極めに際しては，何らかの客観的データが必要となる。

　使いにくさを感じるこころの働き，ホッとするとはどういうこ

ころの状態なのか，ホッとしたいと思うこころの働き，など，心
理学の視点で考えるべき側面が多々ある。ひとが製品としてのも
のと接して感じることが，ものづくりの方向性を決めていく。一
般的な心理学では，ものは刺激であり，ひとは実験参加者となる。
光を見てとても明るいと表現するように，刺激と参加者の反応と
の関係が基本となる。ものづくりの場面では，刺激は製品などの
ものであり，ひとは顧客や作り手であり，反応は使いやすさやホ
ッとするということになる。このように考えると，ものづくりに
心理学を応用することは必然であろう。ただ，ひととものとはこ
のような関係にあったというだけでは，ものづくりに貢献したこ
とにはならない。この関係から，どのような品質を備えた製品を
開発すべきかを「品質化」として提案できることが必要である。
関係からの品質への落とし込みである。

2　ひととものとの関わり

　ひととものとの関係を考えたとき，いくつかのレベルを分けて
考える必要がある。品質化の容易さからすると，品質に直結する
物理的属性に関わる感覚・知覚のレベルである。例えば，顧客か
らこの食品は甘すぎるというクレームが寄せられたとする。どの
程度まで甘さを控えればよいかを，いくつかの甘さの程度を調整
した試作品を準備して，複数の人に食べてもらって甘さの評価を
得て，どの程度まで甘さを控えればよいかの結論を得ることにな
る。これは，一般的には官能評価（sensory evaluation）と呼ば

れており，多様な評価手法が提案されている。

　次の段階は，認知のレベルである。過去経験や記憶，注意など，ひとの認知機能に関わる側面であり，甘さとその評価の単純な関係に，過去の経験が関与して評価結果が大きく異なる事態が想定される。甘い食品を食べて腹痛を起こした経験を思い起こすことで，評価が変化してくる。このような認知の働きは，ものの多様で複雑な受け止め方に繋がり，高級感や嗜好などをもたらすことになる。

　さらなる次の段階は，情意である。ひとがものと接したときに感じる気持ちの問題であり，感情や意思に関わるレベルである。ある臭いを嗅いだときに，嫌だと思うと，これ以上その臭いを嗅ぎたくないし，その対象から遠ざかろうとする。嫌という感情，この先嗅ぎたくないという意思，さらに遠ざかりたいという行動の変化までをももたらすことになる。

　品質を構成する物理的属性，これに直結した感覚・知覚に関係する個別評価，高級感などの認知の影響を受けている中間評価，情意に関わる総合評価，という図1-1のような評価の階層性を考えることができる。階層の上に行けば行くだけ，品質の特定が難しくなり，結果を得るための方法やそのデータの解析手法などの何らかの工夫が必要になる。

　ある市販のスポーツ飲料Aを想定して，「Aとは異なったスポーツ飲料」を開発することを目指して，顧客の立場での要望の項目出しを行なってもらった。また，別の参加者に作り手の立場での他社品との差別化のための企画項目を出してもらった。表1-1

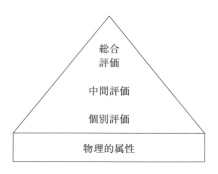

図 1-1　評価の階層性

表 1-1　要求項目と企画項目

要求項目	企画項目
甘さ控えめ	沢山飲んでもお腹がいっぱいにならない
すっきり	暖かくておいしい
さっぱり	少ない量でうるおう
<u>スカット</u>	<u>ほっとする</u>
安い	<u>シャキットする</u>
<u>リラックスする</u>	<u>身体が軽くなる</u>
<u>元気な気分になる</u>	おいしい
疲れがとれる	安い
飲みやすい	量が多い
さらっとした	栄養分が多い
	香りがよい

がこれらの結果である。甘さ控えめなどは，甘みの量の異なる試作品を飲み比べての評価結果から，適切な物理的属性値を求めることが容易にできる。すっきりなどは，単純な評価実験では難しいかもしれないが，実験状況を工夫すれば，何とか製品に繋げる手がかりが得られるであろう。しかし，下線を引いた項目，「ほっとする」や「身体が軽くなる感じがする」などは，これらを実現するための品質要素としての物理的属性を特定することは非常に難しい。図1-1の個別評価は甘さ控えめなどであり，中間評価はすっきりなどであり，総合評価は下線を引いた項目である。

　ひとのこころの働きを考えたとき，知・情・意の三者間の密接な関わりがある（図1-2）。知は，五感や記憶や認知などの働き

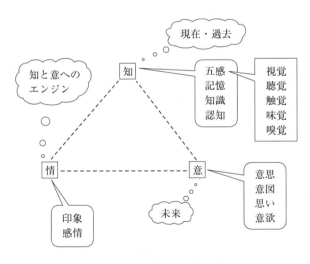

図1-2　知情意の三位一体

であり，過去と現在に関わる働きである。五感は現在の刺激に対する感覚・知覚であり，記憶や認知は過去の経験を基礎に形成された働きである。五感の間だけではなく，五感と記憶などの間にも密接な関係が存在する。意は，もっとこうなりたいやこうしたいというような未来に関わる意思や態度を表している。情は，知と意へのエンジンのような働きであり，嫌な臭いからは遠ざかろうとするし，やりたくないことはやらないでおこうとする。このように，ひととものとの関わりについては，情と意を明確に区別することは難しいので情意と呼ばれている。

3　時系列変化

ものとの関わりの時間的変化を考えてみる。例えば，飲料であれば，口に含んでの香りと味，舌触り，のど越し，というように，時間的に関わりの様相が変化していく。飲み込むまでの非常に短い時間であっても，時系列変化は存在する。さらに，製品以外のものとしては，イベントに参加したときやホテルでのサービスを受けたときなど，長い時間経過の下での時系列変化が存在する。

ひととものとの関わりの結果としての評価を考えてみる。飲料を飲んでおいしかったかどうかが評価される。サービスを受けてこのサービスがよかったかどうかが評価される。関わりの時間的長短はあっても，通常は関係が終了した後で評価がなされる。暗黙のうちに，この評価結果は，その関わりの総体としての評価とみなされている。

1章　ものづくり心理学とは　　9

　しかし，実際は，飲料を口に含んだときのおいしさが強烈に意識されて，終了後の評価がなされるときがある。また，サービスを受けていた途中で，印象に残る対応に好感が持てて，よいサービスであったと評価されることもある。終了後の評価が，何によってそのような評価になったかは，時系列変化を考えてみると定かではない。さらに，時系列に対応した評価の連鎖が，終了後の評価を規定していることも考えられる。最初はよくなかったが，だんだんによくなっていき，最終的には非常によい評価になったり，全く逆の事態が生起したりする。

　このような評価の時系列変化に対しては，今まであまり考慮されてこなかった。日常の事態では，この問題を多く経験してはいるが，ひと自身はあまりこのことを意識することはない。ひととものとの関係を考えたとき，このような時系列変化を考えた対応は，今までとは異なった手法でのものづくりの可能性を示唆している。

4　こころに沿ったものづくり

　ひとがものと接したときに，どのようなこころの働きが生起したかを明らかにすることで，このようなこころの働きが起きるのは，どのような品質によって規定されているのかを特定することができる。そして，このようなこころの働きが起きるようなものを作るためには，その品質構成をどうするかということを考えることになる。このように，ひとを中心に据えて，ものと接したと

きのこころの働きを考えてものづくりをすることで,「こころに沿った」ものづくりが可能になる。

　こころの働きを活かしたものづくり,ひとを中心としたものづくりの考え方が,イノベーションにとって重要となってくる。このような意味で,ものづくり心理学の可能性が大きく広がることになる。

2章

こころの働きを知るために

こころの働きを知るための基本的な考え方として，心理学は今までいくつかの視点を持ってきた。その中でも重要な視点の1つは，フロイト（S. Freud）の無意識の考え方であろう。こころの働きの中には，本人が意識できないあるいは意識していない側面があるという考え方である。この点を見える化する手立てとして，夢判断であったり言い間違いの解釈であったりが有名である。もう1つの重要な視点は，フェヒナー（G. T. Fechner）の内的心理物理学（inner psychophysics）であろう。意識できる、つまり目に見える刺激－反応関係と，測定可能な刺激とこれを受け止めた生体の変化との関係との，2つの関係から，反応がもたらされるこころの働きを見える化しようという考えである。ひととものとの関係でも，ものをどのように受け止めているかの見えない部分を，どのように見える化できるかが，ものづくり心理学にとっては重要である。

1　心理物理学との関係

刺激属性の値を変化させて得られた反応とその刺激との間の関係から，そのような反応をもたらすこころの働きを推論することが，心理学で通常行なわれている。光の明るさを変えた刺激に対して，反応としてまぶしさの程度を評価する。刺激として1次元上で連続的に変化可能な明るさの物理的属性値と反応として得られた程度の値との間での，刺激－反応関係から，まぶしさを評価するこころの働きを考えることになる。これは、心理物理学

（psychophysics）の基本的な枠組みである。

　ものづくり心理学では，刺激を製品などのものに，実験参加者は顧客や作り手に，反応内容は評価用語に，置き換えて考えることになる。従前の心理物理学では，ある物理的属性とその個別評価との対応のように，基本は１対１対応となっている。ものづくり心理学では，ものは多様な刺激としての物理的属性から構成されており，評価用語は通常複数から成り立っている。つまり，単純な１対１の対応関係ではなく，評価を１つの用語に特定したとしても多対１であり，通常は多対多の関係となっている。つまり，ものに対する多感覚情報処理の結果が，評価をもたらしているということである。心理物理学が基本的枠組みではあるが，複雑な関係性を解きほぐしていく必要が，現実には存在している。

　ひとがものと接したときに感じたことを言葉で表現することが，官能評価である。ものから得られた視聴触味嗅の五感情報が処理された結果は言葉を介して表現されるが，評価実験としては，例えば硬い・柔らかいのように，これらを分ける基準に基づいて言語表現がなされる。この基準は，ひとがこころの中に持っている内的基準（internal criterion）であり，種々の経験を通して形成されたものである。何人もの評価者が，例えばビールであれば，苦みなどの複数の評価用語で，他社品を含めた複数のビールを飲み比べることになる。このような３次元データは，図2-1として表現される。複数のひとと，複数の評価用語としてのこと，そして１つの場合も複数の場合もあるもの，である。

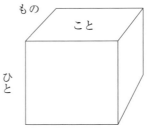

図 2-1　評価の 3 次元データ

2　評価用語

こととしての評価用語としては，物理的属性に直結した個別評価用語が一般的である。例えば，甘みに対する甘さや光量に対する明るさなどであり，感覚的表現が主となる。また，使いやすさのような複合的な感覚から構成される表現，より気持ちを反映したさわやかなのような形容詞など，日常の言語表現が，評価用語として使われている。ひとともののとのどのような関係を明らかにしたいかによって，表現の枠組みは異なってくる。印象や気持ちを知りたいのであれば形容詞であり，ものの物理的属性に関して知りたいのであれば感覚的表現となる。

一般的ではないが，オノマトペもよく評価用語として使われている。サラサラやザラザラなどであり，擬音語や擬態語である。評価用語をあらかじめ設定せずに評価を行なってみると，顧客では，擬態語や擬音語が使われることが多々ある。さらに，ビールでの「シャキー」という表現は，単に喉越しのキレのよさを表し

ているだけではない。気持ちよさを表す感情表現であると同時に，もっと飲みたいという表現でもある。擬音語は，擬態語としても使われることが多くあるので，擬音語と擬態語を合わせて，通常「オノマトペ」と呼ばれている。オノマトペは，感覚経験の直接的表現である。擬音語は聴覚印象の言語表現で，擬態語は五感それぞれの印象を言語音で表現したものである。また，感情が関わっているという意味で「擬情語」と呼ばれることもある。ものの物理的表現とひとの気持ちの表現の両方を内包した評価用語といえる。物理的属性の表現とともに，購買や企業イメージなどの次の消費者行動につながる気持ち（affection）の表現としても，オノマトペが可能性を持っている。さらに，「ぬめぬめ」と「ヌメヌメ」のように，ひらがなとカタカナでは，かなり印象は異なってくる。どちらにすればいいのかは，オノマトペを評価用語として使用する際にいつも問題となる点である。オノマトペで複数の評価用語を構成したときに，ひらがなとカタカナを混合してもいいのか，どちらの方がより評価しやすいのか，などさまざまな問題がある。

　これらの問題は存在するが，より潜在的なこころの側面に近い評価用語としての価値がオノマトペにはある。物理的属性との対応付けに気をつけることで，これらの評価結果から，ものづくりに有用な新たなベクトルを発見する手がかりを得ることができる。

　また，共感覚的表現も，評価用語として使われることがある。同じ刺激に対して，人によってその感覚内容が大きく異なることはほとんどない。味の甘さは，感度の違いはあるにしても，常に

甘さを感じる。さらに，五感相互には密接な関係がある。例えば，ある香りに対して，「明るい」とか「さらっとした」というような場合がある。明るいは視覚にさらっとは触覚に関わる言葉である。このような嗅覚以外の感覚に関係する言葉で香りが表現される場合，"共感覚的表現"と呼ばれている。

　共感覚（synesthesia）は，1種類の入力刺激に対して，その感覚とは異なる感覚経験を意識してしまう現象である。共感覚の代表的な例として，「色聴」がある。音を聞いて色が見える現象であり，通常は低音には暗い色が高温には明るい色が現れる。また，特定の音に対して赤色のような特定の色が対応する例や，味から形を感じるという例もある。共感覚を持っている人は比較的少なく，数パーセント程度といわれている。共感覚者として有名な人として，詩人の宮澤賢治，画家のカンディンスキーやムンク，音楽家のリストなどの芸術家があげられる。ほとんどの人は日常的に共感覚を経験することはないが，共感覚的表現は日常よく使われており，表現用語として十分他者と共有できるものである。

　共感覚的表現を用いる利点としては，程度を表わす副詞（かなり，とてもなど）を使用することができる（例：とても軽い香り）ため，量的評価が可能ということがある。さらに，例えば食品で，全く新しい味を開発しようとしたとき，新しいがゆえにこれまでの味に関する表現用語では表現し難いときに共感覚的表現を使うと，「さらっとした辛さ」のような味の設計が可能となる。

3 こころの働きの顕在化

　評価用語としての言葉で表現された評価結果は，そのことを意識しなければ，明示的に表出されることはない。したがって，ひとがものを受け止めた内容をすべて表現しきれているわけではなく，多くの無意識の内容を潜在的に内包していると考えることができる。もちろん，このような無意識的な側面が，ものの受け止め方に影響していることは無視できない。無意識としての潜在性と，言葉で表現された意識的で顕在的な側面とを考えると，図2-2のように表現できるであろう。

　意識的な側面しか行動に影響しないのであれば，図2-2のように考える必要はない。顧客の購買行動や企業イメージなど，ひととものとの関係を考えると，多様な行動の可能性がある。日常の生活の中で，店舗で知らないうちにある商品を手にとってしまったり，企業やブランドのイメージが形成されていてこのことで消

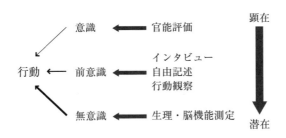

図2-2　"何となく"の3側面

費者行動が変化したり，ということはよく経験する。やはり，ひととものとの関係には，言葉で表現される顕在的な側面だけではなく，無意識的で潜在的な側面も大きな役割を果たしていると考えざるを得ない。

　言葉で表現しきれない無意識の部分は，通常の評価用語だけに頼っていては見える化できない。意識できる側面したがって言葉で表現できるものと，意識できない潜在的な側面（無意識）と，さらにその間に位置する前意識とを考える必要がある。前意識は，後で振り返って努力すれば気がつく側面である。自分の行動を振り返る努力をして思い起こしてみたりして，意識される側面である。無意識の側面は，生理・脳機能測定 から推測することがある程度できるであろう。図2-2 の行動への矢印は，意識・前意識・無意識の順で太くなっている。おそらく，顕在的に意識されていることよりも，何となく感じている潜在的な側面の方が，ひととものとの関係からもたらされる行動をより強く規定していると考えられる。

　今後 "何となく" を見える化するための手段を考えていく。"何となく" は，無意識や前意識に関係している。意識的な言葉の表現の中にも，実は潜在的な側面が隠れていて，ここにも "何となく" が関わっている。評価データの解析を工夫することで，この隠れているものを見える化することができる。評価結果の解析の工夫，インタビューなどの結果の扱い方，生理・脳機能測定の意味など，"何となく" の見える化とものづくりへの展開についての事例を，4章以降で紹介していく。

3章

ものづくり心理学の背景

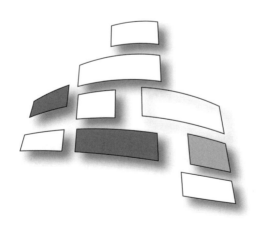

ものづくりに心理学を応用するという"ものづくり心理学"に
とって，その心理学的背景として，第一に心理物理学（psycho-
physics）を挙げることができる。単なる心理測定法としての心
理物理学ではなく，ひとともの（刺激）との関係についての考え
方が重要である。このことは，2章の冒頭で述べた。このような
視点から，ものづくり心理学の背景を考えてみる。

1 官能評価の役割

ものづくりの現場で，ひととものとの関係を明らかにしようと
している取り組みとしては，1章2節で述べた官能評価がある。
心理物理学や知覚判断の枠組みで，ひとにとってよりよいものに
なるような品質構成をどのようにすればよいかがテーマになって
いる。

官能評価は，以前は官能検査（sensory test あるいは inspec-
tion）と呼ばれていた。品質管理（quality control）の一部であ
り，原材料の受け入れ検査と製品の出荷検査が主な役割であった。
この段階では，適切な原材料かどうかを，センサーで検出できな
いあるいはこれがコスト面で難しいときに，ひとの知覚判断に基
づく受け入れ検査が行なわれている。また，製品として市場に出
してよいかどうか，つまり合格品かどうかの判断が出荷検査であ
る。さらに，製造工程の途中で官能検査が必要な場合があり，適
切な検査方法を考案することで，工程を縮減できる可能性が追求
されている。また，ひとの判断に頼らざるを得ない事態がものづ

くりの現場では多々存在するので，センサー開発の場面でも官能検査結果が活用されている。代表例は，ご飯のおいしさを測る食味計である。官能検査によって，おいしさをもたらす物理的属性を特定して，その測定結果をセンサーに組み込むことで，食味計が開発されてきた。したがって，官能検査の信頼性を担保する必要があり，検査状況に見合った手法が開発されてきた。

その後，単なる受け入れ検査や出荷検査ではなく，ひとがその製品をどのように受け止めているか，あるいは試作品が製品コンセプトに見合ったものになっているかどうか，など，市場調査やマーケッティング調査との境目がだんだんなくなってきた。ひとの単なる知覚判断ではなく，過去経験や性格や社会の動向などの複雑な要因との絡み合いの下で，ものの評価がなされる事態が多くなってきたので，現在では官能評価と呼ばれるようになっている。もちろん，受け入れ検査や出荷検査での官能評価は，現在でも使用されている。

ひととものとの関わりの多様性に対応するように，官能評価は多くの手法を考案してきた。代表的なものとして，以下をあげることができる。

ものの間のある物理的属性に関する差の有無や評価者の識別能力の有無を明らかにするための方法である識別試験法である。これには，2種のものを同時的または継時的に評価者に提示して，ある物理的属性の違いを判断してもらう2点比較法と，2つは同じもので1つは違うものの3つのものを1組にして継時的に順次提示しどれが他の2つと違うかを判断してもらう3点比較法，最

初に標準となるものを提示した後でこれと他のものとを1組にして提示して標準と同じものを選んでもらう1：2点比較法がある。識別試験法は，ある特定の物理的属性に関して，差の小さいものの識別に対して適用される。

　出荷検査での合格・不合格・保留のように，複数のカテゴリーに分類された結果について，これらの比率の差を検定するのが分類法である。例えば，2つの製造ライン間でこれらの分類カテゴリーの各比率に差があるかどうかの検定が行なわれる。

　同時に3つ以上のものを評価者に提示し，いくつかの特有の属性に関する強度または程度の順番にものを並べ替える手法が，順位法である。手法としては，たいへん簡便で適用範囲も広い。しかし，識別効率はあまり高くないので，まず，本格的な評価実験のための，ものの選択や評価者の選別のためのスクリーニング・テストとしての役割がある。他の使われ方として，その簡便さを活かして，顧客を対象とした嗜好調査で使われることもある。もちろん，専門家としての評価者を養成するための訓練法として使われることもある。また，他の方法を使うことが，ものの性質や数から困難な場合での，代替の手法ででもある。この方法は，単純な物理的属性の量的な差異はもちろんであるが，むしろ複雑な属性や複数の属性から構成される特徴や総合的な印象，例えば食品でのテクスチャーや香りに関するフレイバーなどの評価に使われている。提示されるものの数にはある程度の限界があり，あまり多くのものを一度に順位づけさせると，評価者は混乱して適切な順位づけができなくなる。

調べるべきものの数に対して可能な組み合わせで対を構成し，「みずみずしさ」のようなそのものが持つある側面の感じた差異の判断を求め，これらのもののその側面の感じた強さの程度（尺度）を求める手法が，一対比較法である。これは，標準のものを設定せずに行なわれる比較評価の事態である。この差異の評価に関して，単なる選択事態の場合には，「ブラッドレー（Bradley）の方法」と「サーストン（Thurstone）の方法」がある。また，その程度の評価が要求される事態としては，シェフェ（Scheffé）の方法がある。このシェフェの方法では，k 個のものを一対比較で r 回の繰り返し判断を 1 人の評価者が行う場合と，1 人が 1 つの組合せを 1 回だけ判断して $_kC_2 \cdot 2r$ 人の結果を得る場合とがある。ものの数が多くなれば，組合せの数が多くなり多くの判断が必要になる。したがって，あまり実用的な方法ではない。この方法をより実用的なものとするために，種々の変法が考案されてきた。浦の変法，芳賀の変法，中屋の変法などがあり，評価の状況に応じた考案がなされている。また，種々の事情ですべての組合せの結果が得られない場合が出てくるので，このような抜けのある場合の対応についても，変法が考案されている。

QDA（quantitative descriptive analysis: 定量的記述的試験）法については，次章の 1 節で述べる。他にも，配偶法，格付け法，採点法，等級付けなど，さまざまな手法が使われている。

官能評価の結果から，次のものづくりにつながる手がかりを得ることが期待されている。例えば，食品であれば，よりおいしいと感じてもらうための品質をどのように構成していけばよいかと

いうことである。このためには，甘さをどの程度にして，なめらかさを感じてもらえるような品質を入れて，などの品質につながる物理的属性値の特定が必要になる。このことを目指して，官能評価実験が構成され，統計的検定も行ない，結果から適切な品質構成の提案を行なうことになる。ところが，官能評価は常にひとが関わるため，その個人差問題や評価者の人数の多さなど人的要因に絡む疑問が提起されることになる。さらに，提案された品質構成で製品化したとしても，必ずしも成功するわけではなく，思ったほど売れなかったり，顧客からの反応がよくなかったりということが起こる。

　このような官能評価の信頼を損ねるような事態が起きる原因の1つである，評価者の個人差の問題を考えてみる。ひとを対象としている以上，官能評価ではこのことを避けて通ることはできない。常識的には，個人差は，同じものの評価に対して，Ａさんとｂさんの違いとしての個人間差を意味している。個人差のもう1つの側面に，個人内差がある。官能評価実験の条件が同じであっても評価結果が異なったり，日によって変動したりということがある。官能評価のデータとして得られた結果には，このように個人差としての変動要因が常につきまとっている。官能評価で統計を使うのは，この個人差の問題が避けて通れないからである。

　統計的仮説検定を行ない，有意水準で十分な信頼のできる結果が得られても，やはり信頼を損ねるような事態が起きてしまう。単に人的問題だけではないであろう。通常の官能評価実験では，品質構成に関わる結果を得ようとして，実験条件を設定すること

になる。例えば、ビールの苦みを調べるために、一口ビールを口に含んで味わって吐き出して、評価がなされる。そして次の評価に際して、水で口をゆすいで、評価が行なわれる。ところが、日常のひととビールとの関係では、このような事態はまずない。一口で飲み干してしまう。そして、「おいしかった」と言う。どのようなところがおいしかったかと聞かれれば、苦みやのど越しのよさが表現される。つまり、日常性と評価実験での非日常性との遊離が問題である。

この問題を埋めるためには、図3-1のように、日常性が持つあいまいさを克服するために、評価実験の方法や結果の解析の工夫が必要である。このような試みを次章以降で述べるが、ものづくり心理学として成果を得るためには考えておくべきことであろう。

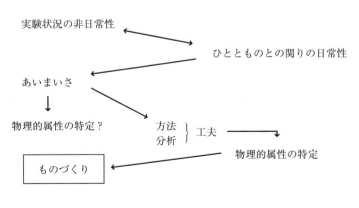

図 3-1　日常性への対応

2　個人差の意味と役割

　個人差（図3-2）は，評価結果に対する変動要因として，一般的には考えられている。個人内差は，状況の違いで結果が異なるため，評価基準の不確定性がその原因と考えられている。そこで，どのような状況であっても常に一定の評価基準が維持できるような訓練を行なうことで，専門評価者（expert）が養成されている。初心者（novice）に対して，訓練を行なったり，多数回の評価を繰り返して最後の結果を真の結果とする noise free situation が実施されたりしている。

　個人間差では，人の違いを誤差項と考え，平均値を求めることで誤差項が0となり，真値が求まると考えられている。このことは，個人間差のその差の中に何がしかの共通性があり，このことを明らかにするために統計が使われているということになる。この共通性は，各個人の中に存在する"代表的な人"（general person）の特徴である。一方，個人間差の差に着目する考え方もある。通常の調査では，回答者の属性，例えば性別や年齢さらにある製品への支出額など，個人の明確な特徴（フェイス項目）で層別されて分析が行なわれている。さらに，性格などの個人の特性や興味関心の違いなどで区別して，個人間差をなるべく一定にしようということが試みられている。もちろん，これらの側面の区別をするということは，これらの属性や特徴が結果に影響しているという前提が存在することになる。

このようなフェイス項目などで個人間差を揃えるという考えは，誤差項をなるべく少なくして結果の安定性を求めるという意図ではあるが，ものづくり心理学の視点からすると，個人差の積極的活用ということにもなる。例えば，あるものに対する評価結果に，男女で結果に大きな違いが存在したとする。当然，性別を意識したものづくりの全体的展開を考えることになる。男性でプラスの評価が得られ，女性でマイナスの評価が得られたものを，性別を意識せずに今後のものづくりを展開していっても，その成果を期待することはできない。

個人間差は誤差という考えでは，その差をなくす方向性になる。

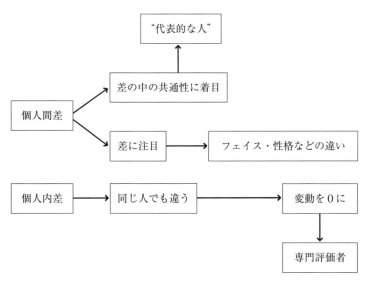

図 3-2　個人差の考え方

しかし，個人間差をもたらす要因が明確になれば，そのことを積極的に活用して，よりよいそして成功する可能性の高い，ものづくりを展開することができる。

3 評価の階層性

こころの働きの強さを測るものさしが，心理学的尺度（psychological scale）である。例えば，重さのものさしでは，そのものを重量計にのせて，何グラムという値を得る。心理学的尺度の場合，明るさのものさしでは，そのものとしての刺激の光量をどのように受け止めたかを測り，心理的な明るさの値を得ることになる。いくつかの刺激の物理的強さとこれらのことを受け止めた心理的強さとの関係から，明るさを測るものさしが構成される。

このように，ものさしは，"何かにあてて何かを測る" ものであり，ものづくり心理学では，ひととものとの関わりが "何か" になる。これは，ひとがそのものをどのように受け止めているかを意味している。どのようにという測りたいつまり知りたい側面は，もちろん異なる。このことによって，測り方が異なり，得られた結果の意味が異なってくる。ひととものとの関わりの知りたい側面に応じて，ものさしが異なることになる。

物理的側面としての甘味と直結した甘さの強さであれば，その甘味の量との関係から，従前の心理学的尺度と同様のものさしになる。そして，この尺度を使って，これくらいの甘さを顧客に感じてもらうためには，どれぐらいの甘味の量が必要であるという

結論が導かれることになる。

　一方，好き・嫌いの嗜好に関しては，何がしかの評価値としての好きの程度の値を得ることはできる。しかし，この値から，これくらい好きになってもらえるものにするためには，何をどのようにすればよいかという手立てを明らかにすることはできない。ものづくり心理学としては，このような手立てを明らかにできるようなものさしを構成したり，その手順を明確に提示することが求められている。

　ものづくりでは，品質構成が決まり，各品質の物理的属性値が特定されて，仕様書を完成させる必要がある。したがって，ものづくりに携わるひとは，1章2節で述べた図1-1の評価の階層性では，下から上の積み上げを前提としている。総合評価として「買いたい」という購買意欲を目標としたときに，どのような品質構成，つまり品質につながる個別評価を規定する物理的属性の値をどうすればよいかを特定する必要がある。

　この下から上の積み上げの関係を明らかにするために，重回帰分析の発想で考えてみる（図3-3）。まず，個別評価が"結果"で物理的属性が"原因"として，ある個別評価を規定する物理的属性を特定することになる。このとき，特定された物理的属性がある個別評価を規定している説明率が90％であったとする。次に，複数の個別評価とある中間評価との関係を解析した結果，この説明率は80％であったとする。そして，複数の中間評価と「買いたい」というような総合評価での説明率は70％であったとする。各重回帰分析は十分に高い説明率を示していた。これらの結果か

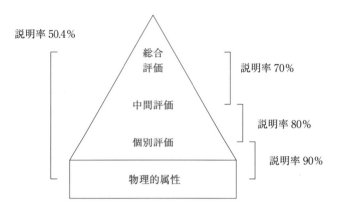

図 3-3 評価の階層性での"因果"の規定

ら,「買いたい」と顧客に思ってもらえるものにするためには,ある一群の物理的属性を考えればよいという解釈が可能である。ところが,総合評価と物理的属性の関係は,各段階の説明率を掛け合わせると 50.4% となる。つまり,これらの物理的属性では,単純に考えると,総合評価を半分程度しか説明しきれていないことになる。

　さらに,このような下から上の積み上げの考え方が,はたして日常のひとともものとの関係に見合ったものであるのかは疑問である。前述したビールのように,ひとはむしろ「おいしかった」と通常は意識しており,階層で下位の項目を常に意識することはない。どうしてと聞かれて,あえて意識する程度である。ましてや,苦味などの物理的属性までをも常に意識することはまれで,よほど気になる品質がなければ意識されることはない。日常のひとと

ものとの関係は,むしろ上から下の方向性が主であり,このことを想定した官能評価実験を考えることが重要である。1章2節で述べた図1-2からすると,総合評価に関わる情意を考えることが,ひととものとの関係の理解にとっては必要である。

4 潜在性の見える化

心理物理学についてフェヒナーは,2章の冒頭で述べたように,外的心理物理学(outer psychophysics)と,刺激と身体反応との対応との関係から,内的心理物理学を明らかにしようとしていた(図3-4)。反応と身体的活動との関係としての内的心理物理学は,ひとに意識されることのない潜在的な関係である。この潜在性を見える化しようとして,外的心理物理学の関係を種々の手法での結果から求めようとした。このような潜在性の見える化は,

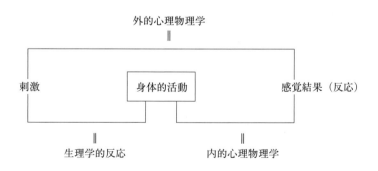

表3-4 フェヒナーの心理物理学(神宮,1996より)

フロイトでも同様である。

　何となく感じている潜在的なこころの側面は，2章3節で述べ
たように，ひととものとの関係にさまざまな影響を及ぼしている。
このような“何となく”の見える化ができれば，そのように感じ
てもらえる品質構成の手がかりを得ることができ，ものづくりに
とって，他社とは異なる製品開発の可能性を広げることになる。

　心理学は，潜在性の見える化をするために，さまざまな工夫を
積み重ねてきた。例えば，人間関係を考えてみる。あるひとのこ
とが好きか嫌いかを質問したとする。社会的関係から明確に嫌い
ということの抵抗感，聞かれた本人も実際のところ好きか嫌いか
を特別意識したことがないので答えにくい，などなどのさまざま
な要因から，正確なところはなかなかわからない。そこで，パー
ソナル・スペースの考え方から，本人のこころの中に潜在的に抱
いている対人関係を明らかにしようということになる。前提とし
て，嫌いであれば2人の距離は離れていて，好きであれば近いと，
考えられる。日常場面での実際の距離を測定することで，2人の
親密度としての人間関係を推論することができる。

　ものづくり心理学にとって，潜在性の“何となく”の見える化
には，さまざまな工夫が必要である。次章以降では，事例を通し
てこの工夫の可能性を明らかにしていく。

4章

"何となく"の見える化

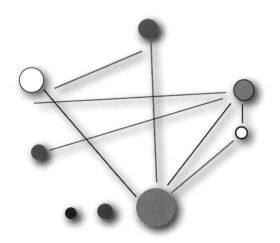

ひととものとの関係の中で，ひとが"何となく"感じている潜在的な側面を見える化して顕在化するための手段を考えていく。この関係を適切な言葉を使って評価用語として表現することが，まず必要である。この言葉の裏に潜む潜在性をあぶり出していくことを，次に考えることになる。

このような潜在性の顕在化として，最初はオノマトペの役割について述べる。次に，言葉として表現されるインタビュー内容に関して，分析の工夫によって，潜在性の見える化が可能となる。さらに，通常の評価用語での評定結果であっても，グラフィカル・モデリングを解析に使用することで，このような見える化を実現することができる。もちろん，生理・脳機能の測定結果の解析は，潜在性を見える化するのに有効と考えられるが，ただ単に測定すれば見える化できるとは限らない。効果的な解析の手順を考えることが必要である。

1　適切な評価用語の特定

1-1　QDA 法

ひとがものと接したとき，そのものが持っている多様な物理的属性を意識し評価がなされる。どのような物理的属性を意識しているのかを明らかにするための方法が記述的試験法（method of descriptive test）である。JIS Z9080（官能評価分析—方法—）によれば，5 人以上の専門家（そのものを良く知っている人）に，このものを表現するにはどのような言葉が適切か表現してもら

う。他者に「このものはこういうものである」と伝えるのに適切な言葉ということでもある。また，専門家だけではなく，複数の一般のひと（顧客）で実施されることもある。得られた言葉の中で似たもの同士を集めてカテゴリー化し，使用頻度を考慮して整理していき，評価用語を決定する。

　記述的試験法で得られた評価用語を用いて，ひとが感じているそのものの物理的属性を評価することになる。この場合，どの程度そのことを感じるかを，評定法で数量化してもらう。この結果を，平均値とその95％信頼区間で表現する。これは，官能プロファイルと呼ばれている。いわゆる，プロファイル分析である。さらに，複数のサンプル間の違いやパネルの違いを明らかにするために，多変量解析が用いられる。

　これら一連の方法が，定量的記述的試験（QDA : quantitative descriptive analysis）法である。

　例えば，ピザを評価するための評価用語を選定するために記述的試験法を実施した。複数の実験参加者に，パッケージの異なる4種類のピザを，各参加者に1種類の半人分を食べてもらい，そのピザを表現するのに適切な言葉を記述してもらった。出てきた言葉として，主にモチモチやフワフワ等の食感に関すること，トマトやバジルの素材に関すること，味や具材の量についてなどの見た目に関することが，記述された。これらの記述をもとに，それぞれ似た表現をまとめて分類を行なった。そして，分類したものをカテゴリー化して，ピザの開発者と相談し評価用語の選定を行なった。評価用語は合計22個となった。このように，従来専

門家が用いていたものと記述的試験法によって新たに出されたものを組み合わせて選定した。最終的に選定された評価用語とカテゴリー分けを表4-1に示す。その後，評価項目はそれぞれ「全く感じない」，「感じない」，「あまり感じない」，「どちらでもない」，「やや感じる」，「かなり感じる」，「非常に感じる」の7段階評価で評価され，定量化を行なった。

評価用語は，適切な表現用語であれば，名詞であれ形容詞であれ品詞は問わない。また，多変量解析で主成分分析が使われるが，これは，データの縮約表現としての意味がある。ものの表現として，評価用語の中に似ているものが使われている可能性があるためである。

似たような手法にSD（semantic differential）法がある。意味尺度としての形容詞対を使用して，評定法で結果を得る。通常，意味（semantic）は，言語の意味であり，辞書的な定義としての意味と，表現的な意味とに区別される。この表現的意味は，さらに連想的意味と情緒的意味とに分けられる。SD法での意味は情緒的意味であり，意味尺度はこれを表す形容詞から成り立っている。例えば，「月」という言葉を考えてみる。月には，地球の衛星としての辞書的な意味がある。また，月からロケットを思い浮かべたり，ウサギを思い浮かべたり，多様な連想が存在する。さらに，月から，美しさや悲しさや安らかさなどを感じることがある。これらが，情緒的意味である。

また，ある対象に対して抱いている情緒的意味は全体として何らかのまとまりを持っており，これを分析するためには，複数の

4章 "何となく"の見える化　37

表 4-1　選出された評価用語とカテゴリー分け

カテゴリー	評価項目
味	トマト味の強さ
	チーズの量
	チーズ味の強さ
	生地の味の強さ
	後味の良さ
	油っぽさ
	味の濃厚さ
	彩りの良さ
食感	モチモチ感
	フワフワ感
	カリカリ感
	ミミのパリパリ感
	ソースのジューシー感
	チーズの溶け具合
	生地の柔らかさ
	具材と生地のバランス
	粉っぽさ
香り	トマトのにおいのよさ
	バジル風味の強さ
	香ばしさ
	風味のバランス
総合評価	味のおいしさ

視点を設定してまとまりを細分化しなければならない。つまり，全体を全体のまとまりのままで分析することはできない。複数の各視点は意味尺度の各まとまりを表している。これらのまとまりの全体は，意味空間（semantic space）と呼ばれており，多次元空間を構成している。そして，ある対象は，この空間の中の1点として表現される。まとまりのある全体を細分化して分析しただけでは全体を表すことができず，まとめ直しをして元に戻す必要がある。このまとめ直しをするために，意味尺度間でのプロファイル分析がなされたり，因子分析が使われたりしている。

 もののイメージなど全体的印象の測定・評価にはSD法が適している。しかし，品質につながる物理的属性の特定は難しい。QDA法は，品質につながる物理的属性の特定が可能である。逆に言えば，特定できるような評価用語を選定しているということになる。

1-2　オノマトペ

記述的試験法を行なってみると，物理的属性に直結した個別評価用語だけではなく，オノマトペで表現されることがよくある。一方，評価用語の中には，専門家特有の言葉が使われることがある。このことは，評価結果と品質との関係を明確にするには都合はよいが，往々にして，一般のひとにはわかりにくい表現でもある。そこに，オノマトペを評価用語として使用することの利点がある。

以下では，一般のひとでもより的確に食品の食感（テクスチャ

4章 "何となく"の見える化　*39*

表4-2　チーズの食感のオノマトペ

つるつる	コリコリ	ふわふわ	ふにゃふにゃ
ぱらぱら	ぷるぷる	ぐにぐに	むにむに
ざらざら	ほくほく	とろとろ	ネチャネチャ
バサバサ	サラサラ	ねとねと	ほろほろ
もそもそ	もちもち	クチャクチャ	

ー）を評価できる可能性があると考え，食感のバリエーションが
豊富なチーズを用いて検証を行なった[1]。

　大学生と専門家として日常的に評価を行なっている食品メーカ
ーの研究員に対し，実験を行なった。テクスチャーの異なる市販
チーズ（同一メーカーのもの）5種類（A・B・C・D・E）を準
備した。別の大学生にこれらを試食しながらオノマトペで表現し
てもらい，69語を収集した。これらを精査して，チーズの食感
を表現するのに適していると考えられた19語に集約した（表
4-2）。さらに，これらに対応すると考えられる通常の評価用語
12語を選定した（表4-3）。7段階尺度で喫食時に感じた程度を
評価してもらった。

　オノマトペを用いて評価した場合と，一般的な評価用語を用い
て評価した場合とで得られた結果を用いて，主成分分析を行なっ
た。その結果，オノマトペを用いて評価した場合，食品評価のト

1）遠藤梓・久保田康史・森川裕美・神宮英夫　2013　オノマトペを用いた
乳製品のテクスチャー評価についての研究　日本官能評価学会2013年度
大会発表論文集，26-27.

表 4-3 チーズの食感の評価用語

表面のなめらかさ	もろい感じ	粘度感
歯切れよさ	かたさ	歯に着く感じ
舌触りのよさ	あぶらっぽさ（脂肪感）	
なめらかさ	しっとりした感じ	
弾力	口どけの速さ	

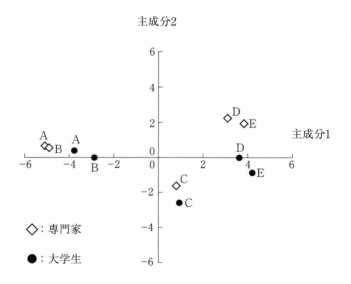

図 4-1 オノマトペによる評価結果

レーニングを全く受けていない大学生と業務として日常的に食品評価を行なっている専門家との評価結果は比較的近い位置に布置され，大学生と専門家との評価結果には大きな乖離が見られないことが明らかになった（図4-1）。一方，一般的な評価用語を用いた場合は，大学生にとってテクスチャーを連想し難い用語が多く，大学生と専門家の評価結果に乖離が見られた。

このように，オノマトペを用いることで，評価用語に対する詳しい説明がなくても感覚的に評価を行なうことが可能であり，評価経験の浅い一般のひとでも，専門家と同等の精度でテクスチャーの評価を行なうことができていた。

1-3　感嘆詞

今まで評価用語として扱われることがなかった感嘆詞ではあるが，工夫しだいで十分その価値がある。通常，作り手側としては，物理的属性につながる結果が得られなければ，ものづくりはできない。そこで，物理的属性になるべく直結するような言葉で，評価者に商品の評価を行なってもらっている。しかし，顧客は，日常生活の中で，商品に対して自発的で何気ない表現を行なっていることが多々ある。あいまいで多様な意味をもった言葉で，表現される場合が多い。これらは，その商品の物理的属性を必ずしも反映していない気持ちの表現がほとんどである。ひとがものと接したときに発する言葉から，ものづくりに反映できる何らかの手立てが得られれば，従来とは異なったものづくりの可能性が出てくる。

このような言葉として感嘆詞がある。「おゃ」というような感嘆詞あるいは感動詞は，気持ちの直接的表現である。ものと接した時に，最初に口をついて出てくる言葉で，第一印象による表現である。これらの言葉は，あいまいで多様な意味を持っており，物理的属性とは必ずしも直結しないと考えられている。従来，これらは，評価用語として注目されることはなかった。

実験参加者は，20代の女性である。4種類の市販乳液を使用した[2]。これらは，同一メーカーのものであり，以下ではA・B・C・Dと記す。Aは，しっとりタイプで，肌の保湿の働きをサポートし，水分・油分のバランスを整える働きを持っている。Bは，ややしっとりタイプで，肌（角質層）のすみずみまで吸い込まれるように浸透し，うるおい感が得られる乳液である。Cは，さっぱりタイプで，肌の柔軟さと保湿バランスを整えるジェル状の乳液である。Dは，ノーマルタイプで，べたつきのない乳液である。

感嘆詞は，事前に数名の女性に聞き取り調査を行ない，乳液使用に際して発したことのある感嘆詞を挙げてもらい，12項目を選定した。これらは，うわー・すー・えーっ・うっ・あぁ・ひいいっ・げっ・ふーっ・んー・ありゃ・ほっ・はぁー，である。評価者には，乳液をつけた時に感じた，第一印象としての気持ちを最も表している言葉に○印をつけてもらった。丸の個数の制限はつけなかった。また，他に適切な言葉があれば，書いてもらうようにした。

2）神宮英夫・竹本裕子・妹尾正巳　2001　感情を活かしたものつくり―感嘆詞の役割―　日本人間工学会第42回大会論文集，254-255.

表 4-4　感嘆詞での数量化Ⅲ類の結果

	Ⅰ軸	Ⅱ軸	Ⅲ軸	Ⅳ軸
固有値	0.79	0.68	0.59	0.54
説明率（%）	17.71	15.24	13.35	12.24
累積説明率（%）	17.71	32.95	46.30	58.54

　感嘆詞12語に対して丸のついたものを1，つかなかったもの
を0として，数量化Ⅲ類を実施した（表4-4）。各乳液について
は，参加者の平均値を求めた。Ⅰ軸とⅡ軸とで，4種類の乳液と
ともに12語を布置したのが図4-2である。12語の布置から考え
ると，Ⅰ軸のマイナス方向は「拒絶や驚き」を意味しており，現
在自分が使用している乳液との違いに基づいた反応と考えられる。
また，Ⅰ軸のプラス方向は「落ち着き感やいやし感」を意味して
いる。

　Ⅰ軸上でのマイナス方向からのA・C・B・Dという並び方は，
それぞれの乳液の特徴と参加者の年齢から，この結果は，感嘆詞
の性質上，最初に乳液と接した時の第一印象を表していると考え
られる。この第一印象の基準は，現在使用している乳液や他の基
礎化粧品であり，これによって，それぞれの乳液との差異が意識
され判断された結果であろう。

　物理的属性とはあまり関係がないと考えられがちな感嘆詞であ
っても，かなり品質につながる評価結果が得られることがわかっ
た。このような気持ちの視点からのものづくりにとって，感嘆詞
は有用な評価用語と考えることができる。

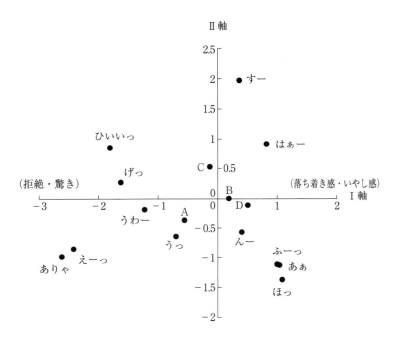

図 4-2 感嘆詞と乳液の数量化Ⅲ類による布置

2 言葉の裏に隠れた潜在性

インタビューや評価では，言葉を介して，ひとがものに対して感じたことを表現することになる。必ずしも，感じたことのすべてが表現されるわけではなく，言葉の裏に隠れた事柄を目に見える形にしていく必要がある。以下では，そのような潜在性を顕在

化する手法を紹介する。

2-1 インタビューの解析

通常のインタビューでは，ある程度聞きたい内容を準備して，数名へのグループ・インタビューか1対1の面談を行なう。インタビュアーの質問に対しての応答をテキスト型データとして扱い，特定の単語の頻度などの数値化が行なわれる。1対1の場合は，十分な発話が得られずにインタビュアーが苦労する場合が多々ある。また，グループ・イタビューでは，複数の参加者がいるにもかかわらず，ある特定の人が主導して発話し，他の人は単に頷くだけということが往々にして起きる。そこで，以下では，2名の参加者にインタビュアーが質問するが，なるべく2名で討論してもらい，2名が納得し合うことを目指すインタビューを実施した[3]。

インタビューは，提示したハンバーグ（A・B・C）3種類を交互に食しながら，お互いに感じたことを言い合うことで進行した。途中で話し合いが止まったときときには，インタビュアーは，そこまでに発話されなかった内容についての最低限の質問をして，話し合いを促すようにした。

参加者は20代前半の男女で，組合せは男性2人，女性2人，男女各1人の3回行なった。参加者には，机の上に置かれたハンバーグを挟んで，90°で向かい合って座ってもらった。ハンバー

3）小川晴子・熊王康宏・神宮英夫　2003　食品におけるテキスト型データの分析と役割　日本官能評価学会2003年度大会講演要旨集，21-22.

図 4-3 カテゴリーの時系列

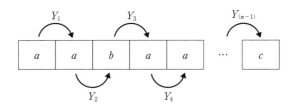

図 4-4 カテゴリー間の推移

グを自由に食べてもらい，思ったこと感じたことを自由に発話してもらった。別のものを食する際には，必ず一度水を飲んでもらった。

発話された内容を文章化（X_1, X_2, X_3, …, X_n）して，X_i を経験・見た目・味・匂い・食感・好み・食欲・品質・要望の9種類のカテゴリー（$a \sim i$）に分類した（図4-3）。そして，Y_i をカテゴリーの推移とし，同じ推移のときの Y_i の和 $r(s, t)$ を求めた。

なお，Y_i は X_i から X_{i+1} への推移で，r は Y_i の和の関数で，s は先に発話したカテゴリーで t は後に発話したカテゴリーである。

4章 "何となく"の見える化　*47*

表 4-5　出現確率と推移確率

回数	後	経験	見た目	匂い	味	…	要望	合計	出現確率
先		a	b	c	d	…	i		
経験	a	4	0	0	0	…	1	15	0.1531
見た目	b	1	1	0	0	…	0	3	0.0306
匂い	c	0	0	0	0	…	0	0	0.0000
……	…	…	…	…	…	…	…	…	…
要望	i	0	0	0	0	…	0	5	0.0510
総合計								98	

推移確率	後	経験	見た目	匂い	味	…	要望
先		a	b	c	d	…	i
経験	a	0.2667	0.0000	0.0000	0.0000	…	0.0667
見た目	b	0.3333	0.3333	0.0000	0.0000	…	0.0000
匂い	c	0.0000	0.0000	0.0000	0.0000	…	0.0000
……	…	…	…	…	…	…	…
要望	i	0.0000	0.0000	0.0000	0.0000	…	0.0000

図 4-4 で，Y_1，Y_4 ともに「$a \rightarrow a$」なので，$r(a, a) = 2$ と数えられる。このような計算から，出現確率 $P(i)$ と推移確率 $p(s, t)$ を求める。「経験」a の出現確率は $P(a) = 15 / 98 \fallingdotseq 0.153$ となり，「経験→経験」の $r(a, a)$ の推移確率は $P(a, a) = 4 / 15 \fallingdotseq 0.267$ となる。このように求めた出現確率と推移確率は，表 4-5 のようになる。図 4-5 は，3 つの組み合わせを合わせた出現確率である。

　推移確率を矢印の太さで表現する（表 4-6）。矢印の末端が先

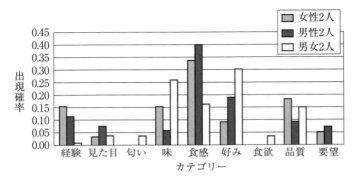

図 4-5　出現確率

表 4-6　推移確率の大きさ

線	→	→	→
推移確率	0.2〜0.3	0.3〜0.5	0.5以上

に発話したカテゴリーで矢印の先端が次に移行したカテゴリーで，矢印の太さが確率の大きさを表す。各組み合わせで図を作成した（図4-6，図4-7，図4-8）。組み合わせによって結果は異なっているが，食感や好みに関しては発話されると継続する傾向が強く，見た目と経験がこれらに影響していることが読み取れる。

発話内容の単なる頻度での出現確率からだけでは見えなかった，カテゴリー間の関係性が，推移確率による解析で見える化できた。

4章 "何となく"の見える化 49

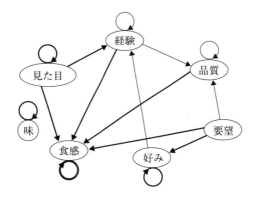

図 4-6　女性 2 人での推移確率

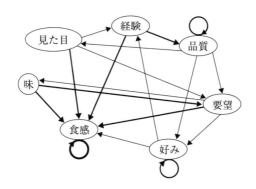

図 4-7　男性 2 人での推移確率

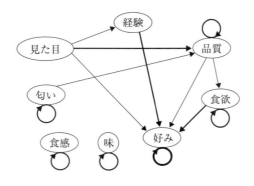

図 4-8　男女での推移確率

2-2　評価用語の関係性

　評価用語の背後に隠れている関係性を見える化するために，グラフィカル・モデリング（Graphical Modeling）を使用した。評価用語間の相関係数は，これら2つの評価用語の関係だけでの相関ではなく，他の評価用語の影響をも受けている。相関係数はこの影響を込みにしたものである。そこで，他の評価用語の影響を除いた，真の2つの評価用語間の相関として偏相関係数を求めていく。これがグラフィカル・モデリングである。つまり，多くの評価用語間での相関は"見かけ"の相関であり，偏相関が"真"の相関ということである。評価用語間の関係性について，評価者自身も気がついていない潜在的な側面を表していると考えられる。

　3種の香料をソーセージに練りこんだもの（A・B・C）と香料無添加のものの4種類で評価実験を行なった[4]。無香料のソーセージを標準刺激として，各賦香のソーセージを，おいしさや甘さ

などの9項目の評価用語を7段階評定法で評価してもらった。

各ソーセージでの香料が，評価用語間の関係性にどのように影響しているかを，グラフィカル・モデリングで解析した（図4-9，図4-10，図4-11）。

3つのソーセージとも高い適合度を示していた。Aでは，「お

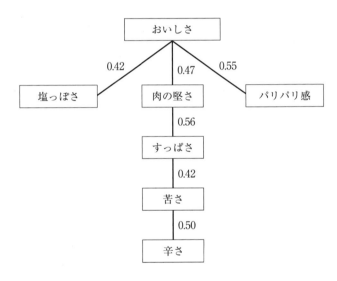

図4-9 ソーセージAの評価構造

---

4) 熊王康弘・國枝里美・神宮英夫　2005　果実系香料を用いた食肉製品の感性評価とその構造分析　日本味と匂学会誌，Vol.12，789-792.

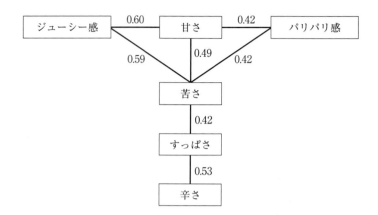

図 4-10 ソーセージ B の評価構造

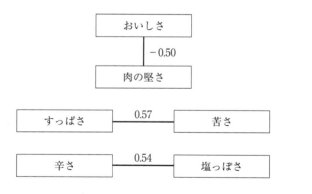

図 4-11 ソーセージ C の評価構造

いしさ」に直接関係する評価項目は「塩っぽさ」と「肉の硬さ」と「パリパリ感」であった。Bでは，「おいしさ」に直接関係する評価用語は得られなかった。Cでは，「おいしさ」と「肉の硬さ」が直接関係していた。香料の違いによって，破断強度などの物理的属性値で変化がないにもかかわらず，評価用語間の相互関係は異なっていた。潜在的に意識されている香料の効果を，このような解析で見える化することが可能である。

2-3 行動指標

さまざまな行動指標が，こころの働きを反映しているものとして扱われている。明確に意識されておらず言語的に表現できないこころの働きが，行動の変化として顕在化しているという枠組みで，行動指標が測定されている。

化粧の専門家であるメイクアップアーティストと一般のひとを対象とし，化粧した女性の画像を見た際の視線解析の事例を紹介する。専門家と一般のひとでは，それまでの経験や知識などに差があり，重視して評価している部分は異なっていると予想される。実験参加者には，自己評価として評価用紙やインタビューを行ない，意識的な評価をしてもらった。視線解析からわかる潜在的な側面と意識的な評価との比較結果から，一般のひとの視点で印象に残りやすいメイクアップの方法が明らかになるであろう。

参加者は，化粧の専門家であるメイクアップアーティストと一般のひととしての学生であった。視線解析の装置を装着して，化粧をした女性の顔の画像をみてもらった。なお，条件1では化粧

肌の質感について注意して見てもらう画像12枚，条件2では化粧顔の全体の印象について注意して見てもらう画像12枚とで，計24枚の化粧画像を使用した。実験は画像を映像としてパソコンの画面に15秒間映し出し実験を行なった。この実験後，自己評価としてメイクアップアーティストには，自分が見ていたと思われる部分を評価用紙（全画像をプリントしたもの）にマークしてもらった。学生には，条件ごとに，「どこを中心にみたか」「特に気になったところは」と聞くインタビューを行なった。

　まず見てもらった画像の顔の部分を額，眉，眉間，目，鼻，鼻下，頬，口，顎の9カ所に分けた。そして，メイクアップアーティストでは部分ごとにチェックした回数を集計し，学生ではインタビューを行なった際，部分ごとに発言した回数を集計し平均を求めた。

　次にメイクアップアーティストと学生の意識的評価との間で，スピアマンの順位相関係数を求めた。顔の部位で記入された回数が多い順に順位付けをして相関係数を求めた。条件1での自己評価結果でのメイクアップアーティストと学生の相関係数は0.38となり，有意な相関はみられなかった。メイクアップアーティストで最もチェック回数の少なかった目に対して，学生では重視して見ており，それが有意な相関がみられなかった大きな原因であると考えられる。次に，条件2での自己評価での相関係数は0.86となり，5%以下の有意水準で有意な相関が得られた。

　条件1の化粧肌の質感では有意な相関は見られなかったが，学生では，頬や額の他に化粧した際に特徴の出やすい目や口も中心

4章　"何となく"の見える化　　55

に見ているのに対し，メイクアップアーティストでは頬や額など
の肌の面積が大きく比較的条件にそったところだけを中心に見て
おり，専門的な視点から画像をみていた。この専門的な視点の差
が異なる結果になった要因であると考える。条件2の化粧顔全体
の印象では，有意な相関が見られた。化粧顔全体の印象としてみ
た時には，専門的な知識や評価者には関係なく，化粧した際に特
徴の出やすい目もとや口を中心に見ていたため，類似した評価に
なったと考える。

　次に，視線の停留軌跡の分析から，潜在的側面の見える化を試
みた。分析を行なう際，自己評価の分析時と同様に画像の顔の部
分を9カ所に分け，0.1秒を基準として視線の停留回数を集計し
た。

　これらの結果をもとにして，メイクアップアーティストと学生
の視線の停留回数から，スピアマンの順位相関係数を求めた。各
参加者での停留回数の順位結果をもとに，各条件12枚の画像の
順位付けしたものをさらに平均し，再度順位付けをして，順位相
関係数を求めた。条件1での順位相関係数は0.79となり，5%水
準以下で有意な相関が得られた。条件2での順位相関係数は0.88
となり，5%水準以下で有意な相関が得られた。

　次に参加者ごとに各条件12枚の画像の停留回数の結果にどの
程度共通性があるかを調べるために，ケンドールの一致係数を求
め，その有意性を見るためにフリードマンの検定を行なった。こ
のケンドールの一致係数は，全画像の結果が完全に一致していれ
ば1となり，一致していなければ0となる数値である。メイクア

表 4-7 メイクアップアーティストの条件 1 の順位平均と順位

	平均	順位
顔	4.96	4
眉	6.21	7
眉間	7.75	8
目	2.33	3
鼻	2.00	1
鼻下	5.58	5
頬	2.00	1
口	5.83	6
顎	8.33	9

表 4-8 学生の条件 1 の順位平均と順位

	平均	順位
顔	5.13	6
眉	5.08	5
眉間	7.58	7
目	1.83	2
鼻	2.83	3
鼻下	7.67	8
頬	1.67	1
口	5.00	4
顎	8.21	9

表 4-9 メイクアップアーティストの条件 2 の順位平均と順位

	平均	順位
顔	7.25	7
眉	3.88	4
眉間	7.63	8
目	1.08	1
鼻	2.50	2
鼻下	5.45	6
頬	3.50	3
口	5.42	5
顎	8.21	9

表 4-10 学生の条件 2 の順位平均と順位

	平均	順位
顔	4.75	5
眉	5.67	6
眉間	8.17	9
目	1.38	1
鼻	3.29	3
鼻下	7.17	7
頬	2.46	2
口	4.63	4
顎	7.50	8

ップアーティストの場合，条件1では一致係数が0.77となり，0.1％水準以下で有意な結果となった。 条件2では一致係数が0.80となり，0.1％水準以下で有意な結果となった。このことから，参加者がメイクアップアーティストの場合，各条件12枚の停留回数の結果は一致しているといえる。

次に学生の場合，条件1ではケンドールの一致係数が0.83となり，0.1％水準以下で有意な結果となった。条件2では一致係数が0.74となり，0.1％水準以下で有意な結果となった。

視線の停留軌跡の分析結果から潜在的な評価の場合，一致係数ではメイクアップアーティストと学生で，各条件12枚の停留回数の結果は一致していることがわかった。順位相関では各条件で有意な相関がみられたことから，メイクアップアーティストと学生では，比較的共通した部分に視線が停留していたことがわかった。このことを踏まえ，各参加者と条件ごとに停留回数の多い部分上位3つを抜き出した。両条件で共通して目，鼻，頬が上位に入っていた。このことから，潜在的な評価の場合，参加者の属性にかかわらず，目，鼻，頬は顔の中でも視線が留まりやすい部分といえる。

これらのことから，参加者の属性にかかわらず目，鼻，頬は視線に留まりやすく，顔の印象に影響しやすい部分であると考えられる。また，学生の視点に対応したメイクアップの方法として，化粧肌の質感では，学生の潜在的評価において最も視線の停留回数の多かった頬に重点を置き，化粧顔全体の印象では，両属性の参加者において最も停留回数の多かった目に重点を置く必要があ

表4-11　一各評価者の停留回数結果

	メイクアップ アーティスト	一般人
条件1	鼻　頬　目	頬　目　鼻
条件2	目　鼻　頬	目　頬　鼻

ると考えられる。

2-4　行動観察

　日常の行動を観察して，数量化された結果を得ることを考えてみる。香りが高齢者の行動に与える影響との関連性を検討するため，徘徊のみられる高齢者において，香りの有無および種類による行動の変化を観察した[5]。特別養護老人ホームを利用する高齢者のうち，家族の同意が得られた徘徊のみられる3名に協力してもらった。

　参加者の非利き手の衣服の上に香りをスプレーにより賦香した。賦香は朝食後および昼食後の1日に2度行なった。1週間ごとに1種類の香りを賦香し，第1週目には，香りを賦香せずに観察を行なった。賦香する香りの順序は参加者ごとに，異なるようにした。そして，参加者に万歩計を装着し，1日ごとの歩数を記録した。また，施設の介護職員により，食事や水分の摂取量の入力と，

　5）神宮英夫　2012　香りと情意との関係—行動改善効果の可能性—　日本味と匂学会誌，Vol.19，157-162.

4章 "何となく" の見える化　59

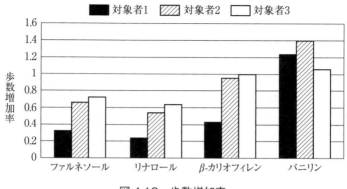

図 4-12　歩数増加率

参加者の発話や行動を手書きで自由記述により記録してもらった。

　万歩計のデータより，香りを賦香しない週を基準とし，各香りを賦香した週における歩数の増減率を求めた。また，香りを賦香しなかった週と各香りを賦香した週で，食事および水分摂取量の増減も求めた。また，自由記述記録について，「徘徊」，「笑顔」など特徴のある記述を抜粋し，12項目のカテゴリーに分類し，香りを賦香しない週と各香りを賦香した週で，頻度を比較した。

　歩数増加率は，各香りを用いた週および，香りのない週で1日あたりの歩数を算出し，香りなし週の歩数に対する各香りあり週の歩数を求めることにより算出した。図4-12の横軸は香りの種類，縦軸は歩数増加率を示している。歩数増加率が1以上の場合は，歩数が増加し，1以下の場合には歩数が減少したことになる。結果より，バニリンにおいては歩数が増加したが，ファルネソー

ル，リナロール，β-カリオフィレンを賦香した場合には，歩数が減少していた。食事摂取率でも水分摂取量の変化においても，全ての香りと対象者に共通する特徴的な変化は見られなかった。

介護職員の自由記述記録より，特徴となる単語を抜粋し，カテゴリー化を行なった。香りありの週のカテゴリーの頻度から香りなしの週の当該のカテゴリーの頻度を引いた結果を比較した。マイナスは，香りによってそのカテゴリーの頻度が減少したことを意味している。例として，対象者1の落ち着きと徘徊の結果を，図4-13に示した。

ファルネソールについては，全ての対象者で「落ち着きがない」の項目で，香りがある場合の頻度が減少していた。リナロールについては，各対象者で若干の違いが見られるが，「不安の軽減」，「落ち着きを与える」，「精神疲労の回復」といった特徴を示唆するものとなった。β-カリオフィレンについては，全ての対

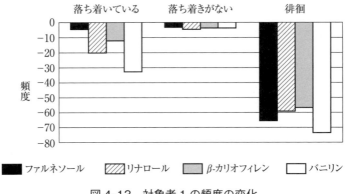

図4-13　対象者1の頻度の変化

象者の「落ち着きがない」の項目で頻度が減少し，「他者とのやりとり」の項目で頻度が増加した。バニリンについては，「穏やかな気分になる」「行動の活性化」といった特徴を示唆する結果が得られた。

日常の生活のすべてにわたって行動観察ができない時には，今回の介護記録のように，注目された行動の記載内容をテキスト型データとして解析することで，数量化が可能である。

3 こころの働きの顕在化

潜在的なこころの働きを顕在化して見える化するために，生理・脳機能測定結果が力を発揮することが期待される。このような結果を"客観的"と表現する場合がある。これは，今まで紹介してきた言葉や行動は，意識的に変えることができる。しかし，心臓の動きや脳内の血液の流れを，意識的に容易にそして意図通りに変化させることは非常に難しい。このような意味で"客観的"結果と考えられている。

ホットミルクを飲むとほっとするということについて，ほっとしたかどうかという評価用語で評定結果を得ても，必ずしも信頼できる結果とはいえない [6]。というのは，すでに知識としてこのような現象の存在を知っていた場合，評定結果はこの知識の影響を受けたものになっている可能性が高い。そこで，生理・脳機

---

6) 遠藤梓・久保田康史・神宮英夫　2013　ホットミルクが与えるストレス緩和効果の研究　第 15 回日本感性工学会大会予稿集，C47.

能測定結果でほっとする現象を捕捉できれば"客観的"に検証できたことになる。男子大学生に参加してもらい，ホットミルクを飲んだときの実験を行なった。牛乳と同じカロリーにするために砂糖をお湯に加え，対照条件とした。4ケタの掛け算課題を3分間解いてもらい，ストレス負荷をかけた。

　実験の流れの節目で，サーモグラフィで顔面の画像を撮影した。リラックスしていると自律神経の副交感神経が活性化して，末梢の血管が広がり血液が多く流れるので，顔面温が高くなる。逆に緊張していると，交感神経が活性化して血管が狭まり血液の量が減り，顔面温が低くなる。このことから，顔面の温度の変化から，副交感神経の活性化の指標を得ることができる。

　さらに，心電計の解析から，自律神経の活動指標を計算した。LF（低周波成分：0.04 ～ 0.15Hz）と HF（高周波成分：0.15 ～ 0.4Hz）の結果から，LF/HF を交感神経活動指標として計算した。また，ストレスの主観的評価を，VAS（visual analog scale）法で求めた。10cmの直線の真ん中に線を引いて，これを基準として主観的評価の度合いに応じて線を引いてもらった。右にはストレス負荷が大きく，左には負荷が小さいとしてマークしてもらった。そのマークの長さを中央線から何cm離れているかを計測して，その値を評価値とした。参加者には，ホットミルクと砂糖湯を，間をおいて飲んでもらい，実験を行なった。参加者間では，この順序はカウンターバランスをとった。

　それぞれの飲み物を飲む前に行なった課題の LF/HF 値と飲んだ後に行なった課題での差を求めた（図 4-14）。ホットミルクを

飲むことによって，LF/HF値が砂糖湯と比較して低い結果となった。特に課題序盤で差が大きく，中盤になると若干差が縮まり，終盤になってくるにつれて再び差が大きくなった。このことは，ホットミルクを飲むことで，交感神経活動が弱まり副交感神経活動が活性化した，つまり，リラックスしてほっとした状態にあったということを意味している。

　顔面温でも同様の結果であり，ホットミルクと砂糖湯の間で飲み物を飲んだ後で統計的に有意な違いが得られた。ホットミルクは砂糖湯よりも，飲んだ後に顔面の毛細血管が開き温度が上昇する結果となり，リラックス効果のあることがわかった。

　心電計と顔面温とでの同様の結果がVAS評価でも得られており，ホットミルクはカロリーが同じ砂糖湯と比べて，主観的な評価結果でも生理機能測定結果でも，飲み始めたときにリラックス

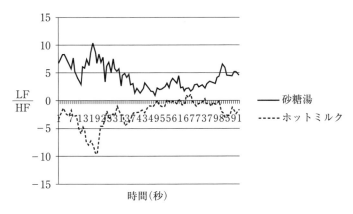

図4-14　飲む前後で行なった課題遂行時のLF/HF値の差

効果がすぐに発揮され，主観評価ではしばらくすると効果が薄れるが，生理的には持続していた。

このような生理・脳機能測定は，言葉が使えない参加者に対して，そのこころの働きの顕在化に力を発揮することが期待できる。紙おむつの開発では，ホームユースでのモニターテストが行なわれている。乳児に直接意見を聞くことはできないので，母親などからの聞き取り調査しかできないのが現状である。そこで，乳児が紙おむつを使用した際の心地よさを，生理機能測定結果から推論し，心地よさの評価を行なった[7]。

紙おむつの使用に関しては，昼間時は動きの激しさから生理機能測定の難しさがあるので，今回は，睡眠時に測定を行なった。通常，睡眠時の生理機能については，睡眠ポリグラフ検査が使われている。対象が乳児のために，なるべく非接触で非侵襲な状態で測定機器を装着することが求められる。そこで，心電計を装着して，睡眠時の心電の波形解析を行ない，交感・副交感神経の活動と行動量と心拍の乱れ回数を求めた。

保護者の了解と協力のもとで，実験を実施した。参加者は生後6ヵ月から9ヵ月の乳児で，平均月例は7.8ヵ月であった。使用した紙おむつは，旧製品と改善された新製品であり，参加者の状態を揃えるために，市販の一般品を4日間使用してもらった。新製品は，肌に直接触れる面に柔らかいシートを使用しており，お

7）神宮英夫・古川郁子・田代和泉・杉山勝彦　2012　赤ちゃんによる"感性評価"―紙おむつの心地よさ―　第14回日本感性工学会大会予稿集，A5-07.

しっこ後のゴワゴワ感がなく，ひんやり感が少ないがものである。

就寝時に紙おむつを着けて寝てもらった。乳児には，一般品を4日間使用しその後旧製品を6日間使用してもらった。他の乳児には，一般品を4日間使用しその後新製品を6日間使用してもらった。

各製品での睡眠時間は，旧製品の初日は平均が581.7分で標準偏差が229.3分であり，6日目の平均が502.3分で標準偏差が196.1分であった。新製品では，初日の平均が643.0分で標準偏差が259.7分であり，6日目の平均が534.0分で標準偏差が209.4分であった。

心電計測は，新旧の各製品の初日と6日目とで行なった。就寝時に計測を開始し，起きたときに計測を終了するように，保護者に依頼した。保護者には，計測時間，寝た時間，起きた時間の記載とともに，夜泣きの回数と授乳の回数などを記録してもらった。睡眠中のLFとHFと，3軸加速度センサーによる行動量と，心拍の乱れの回数とを求めた。自律神経の交感神経の指標としてLF/HFを計算し，副交感神経の指標として$\sqrt{\mathrm{HF}}$を，計算した。LF/HFと$\sqrt{\mathrm{HF}}$については，実験参加者の平均を求めた。$\sqrt{\mathrm{HF}}$と心拍の乱れ回数については，時間あたりの値を計算して，参加者の平均を求めた。

自律神経系の活動は，むしろ，旧製品の方が新製品よりも心地よさを示していた。しかし，行動量からは，連用によって，旧製品よりも新製品の方が，睡眠中の動きが少なくなるという傾向を示しており，たとえおしっこをしても不快で身体を動かすという

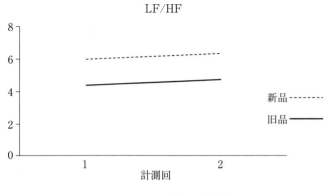

図 4-15　交感神経の活動指標

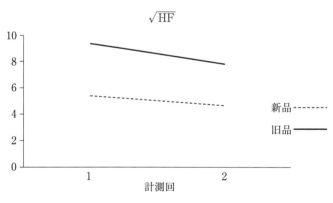

図 4-16　副交感神経の活動指標

4章 "何となく"の見える化　67

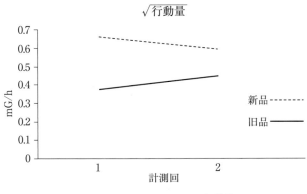

図 4-17　1時間あたりの行動量

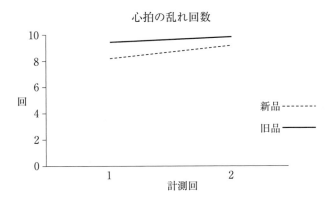

図 4-18　1時間あたりの心拍の乱れ回数

ことが少なかったということが考えられる。さらに，心拍の乱れ回数では，新製品の方で回数が少なく，心地よさを表していた。なお，各参加者での睡眠状況は，数回の授乳が行なわれていたが，夜泣きの回数や覚醒の程度には違いがあった。このことが，自律神経系の結果に反映されている可能性がある。

　行動量の変化と心拍の乱れ回数の変化から，旧製品よりも新製品の方が，睡眠時に夜泣きなどの様々な変化があっても，心地よかったのではないかと考えることができる。言葉による評価が行なえない乳児が紙おむつを使用した際の心地よさを，生理機能測定結果から推論することができた。

5章

"何となく"の品質化

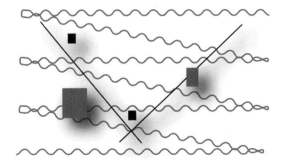

ひととものとの関係が明らかになったとしても，ものづくり心理学としてはまだ不十分である。ものからひとがあることを感じたのは，ものの何が原因かが明確にならなければ，そのように感じてもらえるものを作っていくことができない。この関係を表している評価内容と，ものが持つ品質としての物理的属性との紐づけが必要である。

1　評価と品質の対応

評価と生理指標との組み合わせ解析による品質化の流れを紹介する[1]。

市販のリンスインシャンプー（S・T）を使用して，女性に実験2日前から自宅で洗髪をしてもらい，実験日当日には生理機能測定の装置を装着してもらいながら洗髪をしてもらった。心電計測の結果から，交感神経の活動指標として LF/HF を求めた。唾液アミラーゼモニターと7段階の評価用紙を使用した。評価項目として，洗髪中の評価項目に「すすぎ時の指通りの良さ」や，洗髪後の評価項目に「乾燥後のぱさつきのなさ」などの23項目であった。

アミラーゼ活性値は，洗髪前と洗髪行動中と洗髪後で計5回の計測をした。心電計測は実験中行なってもらった。すべての計測

---

1) 金田澄・松井勇太・青野恵・永原恭生・細川稔・神宮英夫　2011　リンスンシャンプーの使用感評価生理機能測定の可能性　第13回日本感性工学会大会予稿集，F43.

後に評価用紙に記入してもらった。なお，同様の実験を同じ参加者にSとTで計2回，カウンターバランスを取って行なった。

アミラーゼ活性値の全体平均では，すすぎ時と乾燥時でSとTの間に有意な差が見られ，この傾向は心電計測結果でも同様であった。生理指標は，各時点での結果である。評価と生理指標の関係には，常に時間差が存在する。このことを踏まえて，泡立て時の評価とすすぎ時の生理指標，すすぎ時の評価と乾燥時の生理指標，との時間差の関係をグラフィカル・モデリングで解析した。例としてアミラーゼの結果を図5-1から図5-4に示す。図中の点線は負の偏相関係数で，実線は正の偏相関係数である。

評価の泡立て時にアミラーゼとLF/HFの両方で共通して見られるのが，S使用時のみ「泡立ちのよさ」と生理データとの関係

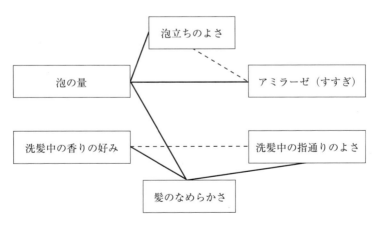

図5-1 S使用時のアミラーゼ（すすぎ時）と評価（泡立て時）との関係性

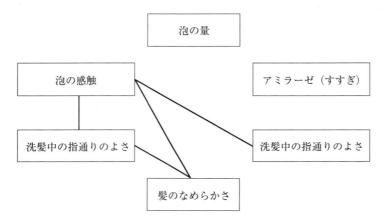

図 5-2　T 使用時のアミラーゼ（すすぎ時）と評価（泡立て時）との関係性

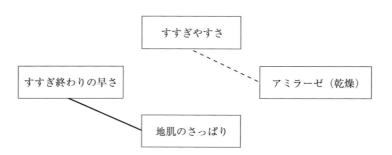

図 5-3　S 使用時のアミラーゼ（乾燥時）と評価（すすぎ時）との関係性

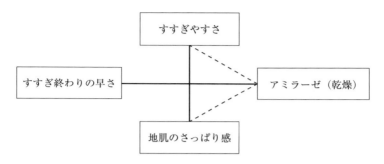

図 5-4 T 使用時のアミラーゼ（乾燥時）と評価（すすぎ時）との関係性

である。

「泡立ちのよさ」と生理データには負の偏相関がみられ，評価が高くなるほどすすぎ時のアミラーゼと LF/HF の値が低くなっていた。また，評価のすすぎ時ではアミラーゼと LF/HF の値の両方で共通して見られるのが，S と T 双方で「すすぎやすさ」と生理データとの関係である。「すすぎやすさ」と生理データには負の相関がみられ，「すすぎやすさ」の評価が高くなるほど乾燥時のアミラーゼと LF/HF の値が低くなっていた。

このように，評価と生理指標には時間のずれがあり，泡立て時に感じたことがすすぎ時の生理データに影響していた。すすぎを心地よいものにするためには，すすぎの品質要素に着目するのではなく，泡立てのことを考える必要があるということになる。評価と生理指標を組み合わせることで，評価の意味を客観化して，適切な品質化につなげることができる。

2 製品間の関係分析

ひととものとの関係から，ものの品質が特定できたとしても，具体的な物理的属性値が得られなければ，製品に落とし込むことができない。もちろん，その品質の物理的属性値を複数準備して試作品を作り，最適値を求めることは可能である。しかし，多大なコストがかかり，あまり現実的ではない。なるべく少ない数の試作品の結果から，最適値を特定する必要がある。

洗顔石鹸について，心地よさにかかわる泡サイズの最適値を求めるための手法を紹介する[2]。ある物理的属性に関して最少3つの試作品があれば，最適値を求めることができる「三点推定法」である。心地よさのような評価値 y に対して泡サイズのような物理的属性値 x が存在する場合，y が最大あるいは評価内容によっては最小となる x を特定するには大量のデータが必要となる。しかし，三点推定法は，最大値を含むと予想される範囲内の3点が特定されれば，その3点から二等辺三角形となる頂点を推測することにより，最大値 y とそれに対応する x を推測できるという手法である。

3種の泡サイズ（小・中・大）での心地よさの評価結果を求めた。図5-5の最も心地よくない個所は泡サイズ小と中を通る線（$y = -ax + b$）と，傾きの符号を逆にして大を通る線（$y = ax$

---

2) 神宮英夫・戸田知子　2015　洗顔石鹸の心地よさに関する物性値の特定法　日本官能評価学会 2015 年度大会発表要旨集，23.

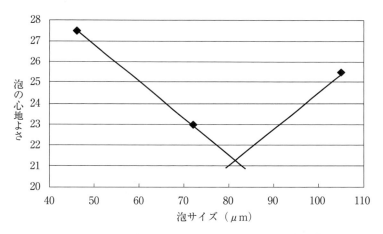

図 5-5　最も心地よくない泡サイズを求める 3 点推定法

+ c) の交点である。ここで，中と大で直線を求めて，符号を逆にして小を通る直線も求めることもできる。この場合の交点は，中と大の間に存在することになり，中の評価結果が問題となる。この手法では，最初に求めた直線の補外で交点が得られるように，この直線を求める必要がある。

　4 種の物理的属性値による四点推定法を行なった。使用した石鹸の泡サイズは，大大，大，中，小の 4 種類で，評価は 5 段階評価と VAS 評価を行った。5 段階評価は，泡質や肌実感や気持ちよさなどの 16 項目（表 5-1）と，泡のやさしさと泡の気持ちよさは VAS 評価で行なった。

　泡は，石鹸を 70℃の湯で湯煎し加熱融解させ，10%濃度の石鹸

溶液を作製した後で25℃に温度調節し，ハンドミキサーで1分間攪拌させた。実験参加者には泡に触れるとき，まずカップから泡をすくってもらい，反対の手をグーにして，グーの手の親指と人差し指の間に泡をのせてもらった。のせた泡を，5〜10回垂直に押してもらった。次に両手で泡をはさみ，5〜10回なでるように泡に触ってもらった。次に両手で挟んだ泡を左右に引っ張ってもらい，最後に泡を手首の方まで延ばしてもらいぬるま湯で泡を流すように指示を出した。そのあとすぐに評価用紙に記入してもらい実験を終了した。

　16項目の5段階評価の結果を基に主成分分析を行なった。主成分分析の主成分負荷量の結果を表5-1に表す。固有値1以上で5つの主成分が得られたが，主成分5は解釈ができなかった。主成分1から4の各主成分の解釈結果は，主成分1は，泡の多さ，クリーミーさ，泡のなめらかさ，泡のもちもち感，洗った後の気持ちよさの項目から「泡の柔らかさ」，主成分2は，肌へのなじみ易さ，もこもこさ，泡のふわふわ感，泡のしっとり感，泡の洗い流しやすさの項目から「泡の肌触り」，主成分3は，泡の硬さ，泡の弾力，泡の重さ，泡の密着感の項目から「どっしり感」，主成分4は，泡の細かさ，泡の伸びの項目から「泡の質」，と名付けた。各主成分を構成している太字の値の評価項目の評価値を参加者分で合計して，全体の合計値を求めた。これを y として，泡サイズの物理的属性値を x として，図を作成した。

　主成分1での泡の柔らかさについての結果は図5-6である。泡サイズの小・中・大の結果を使用して回帰直線を求め，得られた

表 5-1　5 段階評価の主成分負荷行列

評価用語	泡の柔らかさ	泡の肌触り	どっしり感	泡の質
泡の多さ	**0.547**	− 0.2	− 0.165	− 0.062
泡の硬さ	− 0.182	− 0.407	**0.636**	− 0.041
泡の弾力	0.43	− 0.219	**0.534**	0.248
泡の重さ	− 0.297	− 0.123	**0.767**	0.263
泡の細かさ	0.481	0.255	0.455	**− 0.555**
泡の伸び	0.395	0.164	0.051	**0.71**
泡の密着感	0.436	0.398	**0.516**	− 0.274
肌へのなじみ易さ	0.513	**0.599**	− 0.036	0.073
クリーミーさ	**0.713**	0.207	− 0.044	0.069
もこもこさ	0.514	**− 0.536**	0.306	0.175
泡のなめらかさ	**0.689**	− 0.031	− 0.211	0.038
泡のふわふわ感	0.557	**− 0.645**	− 0.074	− 0.214
泡のもちもち感	**0.639**	− 0.155	0.088	0.403
泡のしっとり感	0.455	**0.621**	0.012	− 0.32
泡の洗い流しやすさ	− 0.217	**0.647**	0.082	0.419
洗った後の気持ちよさ	**0.449**	0.326	0.107	− 0.314
固有値	4.39	3.00	2.10	1.89
寄与率	0.24	0.17	0.12	0.11
累積寄与率	0.24	0.41	0.53	0.64

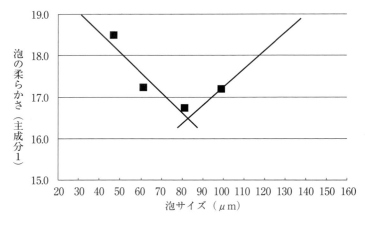

図 5-6　主成分 1 での交点

直線の傾きを逆にして，大大を通る直線を求め，2つの直線の交点を求めた。主成分 2 の泡の肌さわりの結果は図 5-7 である。主成分 1 と同様の方法で交点を求めた。主成分 3 でのどっしり感の結果は図 5-8 である。大と大大で直線を求め，符号を逆にして小と中の縦軸と横軸の値の平均を通る直線を求め，交点を得た。主成分 4 での泡の質の結果は図 5-9 である。主成分 3 と同じ方法で，最初に小と中で直線を求めた。大と大大の平均を通る直線との交点を求めた。VAS 評価の泡のやさしさに関しては図 5-10 であり，主成分 3 と同様に交点を求めた。泡の気持ちよさに関しては図 5-11 であり，主成分 1 や 2 と同様に交点を求めた。これら 6 つの交点は，表 5-2 である。

　四点推定法から求めた交点を見ると，ほとんどの図で泡サイズが大の付近であり，最も評価の低くなる泡サイズであることがわ

5章 "何となく"の品質化　79

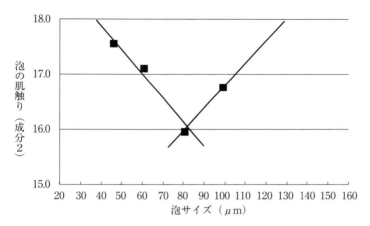

図5-7　主成分2での交点

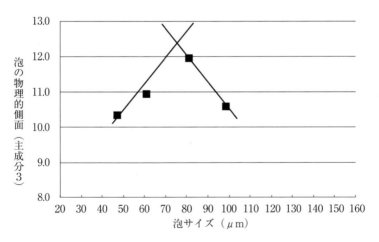

図5-8　主成分3での交点

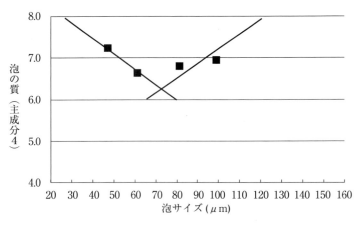

図 5-9　主成分 4 での交点

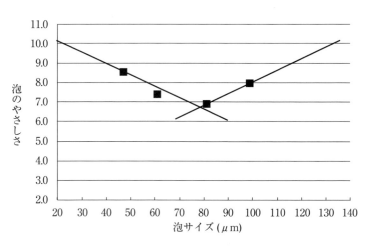

図 5-10　VAS 評価の泡のやさしさでの交点

5章 "何となく"の品質化　81

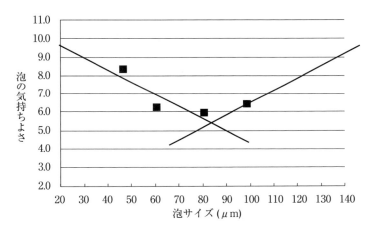

図5-11　VAS評価の泡の気持ちよさでの交点

表5-2　項目ごとの交点

	泡の柔らかさ	泡の肌触り	どっしり感	泡の質	泡のやさしさ	泡の気持ちよさ
交点	84.7 μm	81.8 μm	75.7 μm	73.1 μm	77.4 μm	83.9 μm

かる。

　これらの結果から，平均値とその95％信頼区間をもとめると，74.48μm＜79.43μm＜84.39μmとなった。この結果から，74.48μm以下の泡もしくは，84.39μm以上の泡を作れば，ほとんどの人が心地よいと感じる泡になると考えられる。

3 共感覚的表現による品質構成の特定

　香りを使用した製品が多く存在しているが，製品によっては，使われている香りが必ずしもその内容とは合致していないと感じることがある。これは，製品と接したときに香り以外の品質構成と香りとの間で，違和感が意識されているということである。この点を解決するために，2章2節で述べた共感覚的表現を活用した手法を紹介する[3]。

　共感覚的表現用語が，どの程度各感覚に関係しているのかを，評定法を用いて定量化を行った。各感覚は温覚，冷覚，嗅覚，味覚，痛覚，触覚，平衡感覚，運動感覚，視覚，聴覚の10の感覚とした。10代から50代までの男女で調査を実施した。

　嗅覚以外の4つの感覚に関する共感覚的表現用語として32語を使用した（表5-3）。これらは，嗅覚以外の視覚・聴覚・触覚・味覚に関する形容詞や形容動詞を国語辞典と形容動詞辞典より選出したものである。これらの用語に対して，10の感覚各々にどの程度関係していると思うかを，点数化してもらった。なお，用語ごとで合計10点となるように，感じた関係の強さに応じて配分してもらった。各用語での平均は表5-4である。

　次に，レモン・チョコ・梅酒・バニラ・かゆみ止め塗り薬（ムヒ）・ソースの6種類の香りを使用し，プラスチックのボトルに，

　3）神宮英夫・田中吉史　2006　香りの共感覚的表現による品質構成の特定法の提案　日本官能評価学会誌，Vol.10，No.2，105-108.

5章 "何となく"の品質化 *83*

表5-3 共感覚的表現用語（32語）

視覚語	聴覚語	触覚語	味覚語
透明な	高い	なめらかな	こってりとした
不透明な	低い	ざらざらした	あっさりとした
明るい	うるさい	やわらかい	味わい深い
暗い	静かな	かたい	味気ない
鮮やかな	響きのある	さらりとした	甘い
淡い	こもっている	ねばっこい	にがい
艶のある	ゆるやかな	重い	酸っぱい
色あせた	はげしい	軽い	渋い

各々を脱脂綿に染み込ませたものを入れ，中が見えないようにテープで容器を覆って，20代の大学生に，それぞれを嗅いでもらった。評価用語は表5-3の32語を共感覚的表現用語として使用した。評価の方法は，評価用紙を香り1つにつき1枚配り，香りを表現するのに適切だと思う評価用語に丸印を複数選択可でつけてもらった。

　各項目において，香りを表現するのに適切だと思い丸印をつけたものを「1点」，つけなかったものを「0点」として分析を行い，各香りで選択比率を求めた（表5-5）。

　表5-4での共感覚的表現用語と感覚の関係と，表5-5での実際の香りと共感覚的表現用語についての関係の結果が得られた。これらの結果から，共感覚表現用語を仲立ちとして，各香りがどの感覚と関係性が強いのかを，行列演算で求めた。2つの行列を正規化して，図5-12のように掛け算した。この結果は，表5-6で

表5-4 共感覚的表現用語と感覚との関係

（太字は用語内での最大平均値）

		温覚	冷覚	嗅覚	味覚	痛覚	触覚	平衡感覚	運動感覚	視覚	聴覚
視覚語	透明な	0.05	2.10	0.18	0.33	0.03	0.28	0.08	0.25	**6.20**	0.50
	明るい	2.10	0.08	0.00	0.08	0.00	0.18	0.18	0.05	**6.78**	0.58
	暗い	0.08	0.90	0.10	0.13	0.05	0.05	0.28	0.10	**7.53**	0.80
	鮮やか	0.23	0.13	0.33	0.48	0.00	0.23	0.23	0.38	**6.98**	1.03
	淡い	0.80	0.23	0.45	1.63	0.00	0.08	0.33	0.15	**5.90**	0.48
	艶のある	0.25	0.20	0.18	0.70	0.00	2.55	0.28	0.13	**5.40**	0.35
	色あせた	0.08	0.53	0.43	0.20	0.00	0.50	0.15	0.00	**7.70**	0.43
	不透明な	0.38	0.75	0.23	0.38	0.10	0.55	0.18	0.13	**6.68**	0.65
聴覚語	高い	1.25	0.25	0.03	0.20	0.08	0.18	2.28	1.55	**2.65**	1.40
	低い	0.53	1.40	0.33	0.13	0.38	0.03	1.93	**2.43**	1.45	1.43
	うるさい	0.20	0.00	0.08	0.13	0.35	0.25	0.00	0.18	1.05	**7.78**
	静かな	0.08	1.25	0.00	0.13	0.08	0.00	0.40	0.45	2.10	**5.53**
	響きのある	0.00	0.08	0.25	0.13	0.18	0.33	0.20	0.13	0.83	**7.90**
	こもっている	1.15	0.20	**3.30**	0.48	0.20	0.45	0.23	0.50	1.40	2.08
	ゆるやかな	0.38	0.15	0.08	0.08	0.03	0.58	**3.78**	1.90	2.33	0.73
	はげしい	0.53	0.05	0.18	0.18	2.95	0.45	0.15	**2.95**	0.98	1.60
触覚語	なめらかな	0.23	0.08	0.35	2.83	0.30	**4.25**	0.33	0.35	1.08	0.25
	ざらざらし	0.15	0.00	0.08	1.48	0.75	**5.98**	0.00	0.20	1.15	0.23
	やわらかい	0.93	0.05	0.05	1.15	0.25	**5.70**	0.10	0.25	1.15	0.38
	かたい	0.18	0.85	0.00	0.41	0.95	**6.31**	0.05	0.49	0.95	0.08
	さらりとし	0.13	0.63	0.83	**4.83**	0.05	2.15	0.00	0.00	0.90	0.53
	ねばっこい	0.08	0.00	0.65	2.38	0.00	**4.40**	0.20	0.18	1.90	0.23
	重い	0.33	0.20	0.13	0.33	0.65	**2.98**	0.85	2.75	1.55	0.25
	軽い	0.03	0.33	0.13	0.70	0.55	2.95	0.95	**2.98**	1.08	0.43
味覚語	こってりとした	0.65	0.00	1.35	**6.63**	0.03	0.30	0.00	0.03	1.03	0.00
	あっさりとした	0.03	0.73	0.95	**6.30**	0.13	0.68	0.18	0.10	0.88	0.05
	味わい深い	0.28	0.00	0.98	**6.85**	0.00	0.38	0.00	0.00	0.93	0.60
	味気ない	0.00	0.65	0.65	**6.45**	0.03	0.63	0.03	0.03	1.10	0.45
	甘い	0.25	0.13	1.65	**6.75**	0.05	0.05	0.15	0.00	0.48	0.56
	にがい	0.03	0.13	1.10	**7.78**	0.75	0.05	0.10	0.00	0.45	0.03
	酸っぱい	0.08	0.53	1.60	**7.30**	0.30	0.03	0.00	0.00	0.18	0.00
	渋い	0.23	0.38	0.80	**6.83**	0.23	0.08	0.00	0.00	1.08	0.20

5章 "何となく"の品質化　*85*

表 5-5　複数選択による選択比率

		レモン	チョコ	梅酒	バニヒ	ムヒ	ソース
視覚語	透明な	**0.29**	0.02	0.16	0.00	**0.31**	0.00
	明るい	**0.24**	0.04	0.07	0.09	0.11	0.02
	暗い	0.02	0.09	0.09	0.13	0.04	0.11
	鮮やかな	0.07	0.00	0.04	0.02	0.13	0.00
	淡い	0.18	0.02	0.11	0.09	0.07	0.00
	艶のある	0.11	0.11	0.07	0.07	0.04	0.11
	色あせた	0.11	0.00	0.11	0.09	0.09	0.11
	不透明な	0.11	0.09	0.13	0.07	0.16	0.11
聴覚語	高い	0.09	0.02	0.02	0.11	0.07	0.00
	低い	0.07	0.07	0.11	0.07	0.02	0.04
	うるさい	0.02	0.02	0.11	0.00	0.04	0.18
	静かな	0.07	0.04	0.04	0.04	0.11	0.00
	響きのある	0.09	0.00	0.13	0.13	0.11	0.04
	こもっている	0.09	**0.31**	0.18	0.22	0.11	**0.33**
	ゆるやかな	0.04	0.09	0.00	0.02	0.04	0.00
	はげしい	0.07	0.02	0.24	0.00	0.22	0.13
触覚語	なめらかな	0.04	0.11	0.04	0.16	0.02	0.02
	ざらざらした	0.02	0.02	0.04	0.04	0.02	0.04
	やわらかい	0.07	0.07	0.00	0.07	0.07	0.00
	かたい	0.00	0.07	0.07	0.09	0.02	0.07
	さらりとした	**0.31**	0.02	0.16	0.04	**0.31**	0.02
	ねばっこい	0.07	0.07	0.02	0.04	0.02	0.29
	重い	0.07	**0.40**	0.18	**0.31**	0.09	**0.42**
	軽い	0.27	0.02	0.07	0.07	0.13	0.02
味覚語	こってりとした	0.02	**0.38**	0.04	0.13	0.02	**0.73**
	あっさりとした	**0.47**	0.04	0.13	0.09	0.24	0.00
	味わい深い	0.00	**0.42**	0.07	0.24	0.00	**0.56**
	味気ない	0.02	0.00	0.04	0.00	0.11	0.00
	甘い	0.29	**0.89**	0.22	**0.62**	0.04	0.16
	にがい	0.07	0.22	0.20	0.18	0.18	0.11
	酸っぱい	0.27	0.00	**0.40**	0.09	0.29	**0.36**
	渋い	0.07	0.04	0.11	0.13	0.04	0.02

ある。香りを嗅いでそれが何の香りかがわかれば，そのものの形や色を視覚イメージとして思い浮かべるため，視覚で値が高くなるはずである。しかし，結果では，味覚や痛覚のように，香りによって高くなる値が異なっていた。このような結果から，例えばバニラアイスの品質構成としては，見た目や味の問題よりも，触覚としての舌触りに着目する必要のあることが示唆される。

共感覚的表現を媒介として，対象とする香りが，どの感覚様相と関係が強いかが明らかになり，より適切な品質構成を得ることができるとともに，新たな製品コンセプトの特定が可能となる。このような手法は，香り以外の感覚でも可能であり，新たな製品開発の可能性が広がることが期待できる。

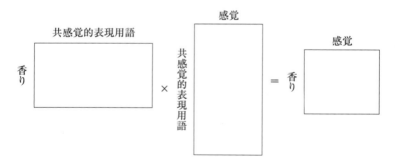

図5-12　2つの結果の正規化後の行列演算

5章 “何となく” の品質化　*87*

表 5-6　香りと感覚との関係

	温覚	冷覚	嗅覚	味覚	痛覚	触覚	平衡感覚	運動感覚	視覚	聴覚
レモン	0.22	**0.23**	0.15	0.17	0.13	0.17	**0.23**	0.20	0.22	0.16
チョコ	0.16	0.11	0.17	0.16	0.12	0.17	**0.22**	0.16	0.11	0.10
梅酒	0.14	0.20	0.16	0.16	**0.24**	0.13	0.12	0.17	0.17	0.21
バニラ	0.19	0.14	0.16	0.16	0.14	**0.20**	0.19	0.15	0.15	0.15
ムヒ	0.16	**0.24**	0.15	0.18	0.20	0.15	0.18	0.19	0.21	0.21
ソース	0.13	0.09	**0.20**	0.17	0.18	0.18	0.07	0.13	0.13	0.17

6章

心理的付加価値

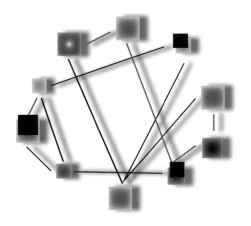

製品などのものが持っている価値は，品質としての中身の内部情報と，パッケージやブランドイメージや広告などの外部情報とで成り立っている。食品であれば，食べておいしいと感じる内部情報の価値と，パッケージから感じる金額に見合った高級さなどによって，その価値は規定されている。ところが，食べておいしいだけではなく，ホッとしたり意欲の高まりを感じたりという情意に関わる心理的な価値を感じることがある。また，金額的に高額ではないが，パッケージの色使いから高級感を感じたりすることがある。このようなものの内部情報と外部情報から感じる心理的な価値が，ものを構成している要素が持つ価値を超えたものであり，心理的付加価値と呼ぶべきものである。このことを明確に意識できる日常の事態はあまり多くはなく，"何となく"感じていることの方が多いであろう。何らかの心理学的視点を設定することで，この心理的付加価値を見える化する手がかりを得ることが可能になる。そして，このような心理的付加価値を感じてもらえるような品質構成をどのように行なえばよいかを，明確にする必要がある。

1　情意の間接測定

何となく感じている気持ちの側面を言葉で評価しようとしたとき，例えば「楽しいですか」という設問に「はい」と答えたとする。この結果は，本当に楽しいのかあるいは「はい」という単なる言語的表現に過ぎないのか定かではない。情意の測定・評価は，

必ずしも単純ではない。2章2節で述べたオノマトペは，擬情語とも呼ばれており，これを使って情意の測定を試みた。[1]

　油で揚げるだけの下ごしらえの済んだ冷凍コロッケを使用した。4社（A・B・C・D）から市販されている4種類のコロッケを使用し，成分の主なものとしては，牛肉と馬鈴薯を含むものである。電気フライヤーで，各コロッケに記載の時間で，手順通りに調理を行なった。なお，実験時は，そのたびごとに油を取り替えた。調理直後と，調理2時間後，4時間後の3条件を，各コロッケで設定した。2時間後と4時間後は，調理後にあら熱を取ってタッパで常温保存した。実験参加者は，毎週決まった曜日の午後3時ごろに，ランダムに呈示された4個のコロッケを食した。1人の参加者は，3週間続けて実験に参加した。

　評価用語は，オノマトペ辞典から選定された20語を使用した。そして，「感じる（4）・感じない（0）」の5段階評価を行なってもらった。これらは，ネバネバ・フニャフニャ・ザラザラ・ヌルヌル・クニャクニャ・パサパサ・ドロドロ・グシャグシャ・シャリシャリ・ベタベタ・ガリガリ・ホカホカ・バリバリ・ギトギト・ゴツゴツ・ホクホク・フワフワ・カリカリ・ブツブツ・サクサク，であった。なお最後に，「食べたさ」について，どの程度食べたいと思うかについての片側の5段階評価（0：食べたくない・4：食べたい）を行なってもらった。

　次に，オノマトペ20語に対して，200名を超える参加者に以

---

1) 神宮英夫　2002　感情品質創出法─冷凍食品について─　商品開発・管理学会第2回全国大会講演論文集，32-35.

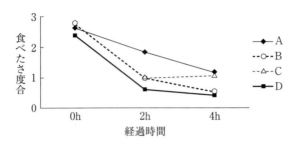

図6-1 食べたさ度合いの平均値

下の調査を行なった。20語それぞれで,例えば,「ネバネバしたコロッケは,どの程度食べたいですか?」という設問で,食べたい(+2)・食べたくない(-2)の5段階評価を行なってもらった。これらの平均値を算出して,食べたさの重み係数とした。

食べたさの度合いについての評価平均値の結果は,図6-1である。いずれの製品も時間の経過とともに評価が悪くなっていた。なお,A社の製品の方が他社よりも良い評価を得ており,D社の製品の評価が最も悪かった。

食べたさの重み係数値は,表6-1である。各オノマトペに関して,図6-2のように,この重みと実際の評価値との積から「食べたさ指数」を求めた。例えば,ある試料のネバネバの評定値が3であれば,その重み係数値-1.500をかけて求められる-4.500が,その食べたさ指数である。その重みがプラスの値を示してい

るオノマトペは「食べたい」という
ことを表しており，マイナスのものは「食べたくない」ということを表している。そこで，プラスのオノマトペだけをまとめて，「食べたさ総合指数」を求めその平均値を図示した（図6-3）。マイナスのものをまとめて，「食べたくなさ総合指数」を求めてその平均値を図示した（図6-4）。食べたさ総合指数は，図6-1の食べたさ度合いの結果とほぼ同じであった。しかし，食べたくなさ総合指数では，全体としてはD社の評価が比較的良く，A・B社での4時間後の結果が良い方に上昇していた。この点について，平均値の差の検定を行なったところ，A社とD社との間のみで5％水準以下で有意な結果が得られた。

表6-1　食べたさの重み係数

オノマトペ	平均値
ネバネバ	− 1.500
フニャフニャ	− 1.159
ザラザラ	− 1.123
ヌルヌル	− 1.753
クニャクニャ	− 1.329
パサパサ	− 0.941
ドロドロ	− 1.373
グシャグシャ	− 1.333
シャリシャリ	− 0.771
ベタベタ	− 1.420
ガリガリ	− 0.868
ホカホカ	1.671
バリバリ	− 0.507
ギトギト	− 1.566
ゴツゴツ	− 1.028
ホクホク	1.740
フワフワ	0.665
カリカリ	0.877
ブツブツ	− 1.119
サクサク	1.773

　オノマトペ20語での主成分分析を，評価者とコロッケとをまとめた結果で行なった。固有値1以上で5主成分が抽出され，第2主成分までの説明率は，56％

であった。主成分負荷行列は表6-2である。主成分1は，フニャフニャ・クニャクニャ・シャリシャリ・ガリガリ・ホカホカ・バリバリ・ホクホク・カリカリ・サクサクの負荷量が高く，「歯ごたえのよさ」を表していると考えられる。主成分2は，ネバネバ・ヌルヌル・ドロドロ・グシャグシャ・ベタベタ・ゴツゴツ・

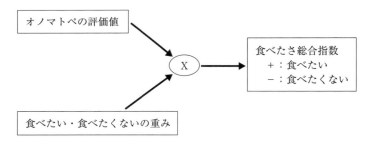

図6-2　食べたさ総合指数の計算過程

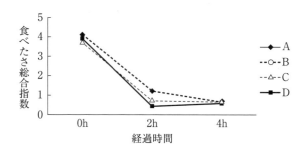

図6-3　食べたさ総合指数の平均値

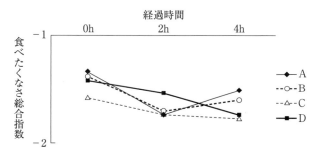

図6-4　食べたくなさ総合指数の平均値

ブツブツの負荷量が高く,「粘度の悪さ」と考えられる。

　主成分1を規定しているオノマトペで計算された食べたさ指数の平均値は図6-5であり,主成分2のオノマトペでの食べたさ指数の平均値は,図6-6である。主成分1では,図6-1と図6-2と同様の結果であった。さらに,主成分2では,図6-4と同様であった。この点について,平均値の差の検定を行なったところ,A社とD社との間のみで5%水準以下で有意な結果が得られた。

　時間の経過によって,食べたさの評価が悪化していくのは,今回の食品の特性上,当然の結果である。ところが,食べたさの側面の違いによって,評価が悪化せずに,むしろ良くなっていく側面もあった。D社の製品は,どのような側面でも常に,評価が時間経過とともに悪化していた。他社品の評価との比較でD社がよかった側面は,図6-4の食べたくなさ総合指数でのA社との関係と,図6-6の主成分2での食べたさ指数のA社との関係であった。

　図6-4と図6-6より,重みでマイナスの値を示しているオノマ

表 6-2　オノマトペによる主成分負荷行列

オノマトペ	主成分 1	主成分 2	主成分 3	主成分 4	主成分 5
ネバネバ	− 0.317	**0.562**	− 0.227	− 0.453	0.026
フニャフニャ	**− 0.744**	0.338	− 0.067	0.081	− 0.087
ザラザラ	0.382	0.411	**0.543**	− 0.010	− 0.233
ヌルヌル	− 0.324	**0.721**	− 0.222	− 0.157	− 0.070
クニャクニャ	**− 0.607**	0.477	− 0.108	0.072	− 0.263
パサパサ	− 0.097	0.232	0.451	**0.709**	0.101
ドロドロ	− 0.364	**0.684**	− 0.166	− 0.106	− 0.079
グシャグシャ	− 0.355	**0.659**	0.084	0.219	− 0.212
シャリシャリ	**0.669**	0.361	0.135	0.013	− 0.319
ベタベタ	− 0.542	**0.619**	− 0.193	0.034	0.182
ガリガリ	**0.850**	0.228	0.117	− 0.187	0.000
ホカホカ	**0.826**	0.148	− 0.429	0.077	− 0.030
バリバリ	**0.864**	0.226	− 0.009	− 0.073	0.046
ギトギト	− 0.068	0.442	− 0.155	0.206	**0.781**
ゴツゴツ	0.437	**0.507**	0.419	− 0.249	0.174
ホクホク	**0.828**	0.163	− 0.436	0.124	− 0.022
フワフワ	0.477	0.340	− 0.348	**0.483**	− 0.215
カリカリ	**0.914**	0.129	− 0.085	− 0.004	0.075
ブツブツ	0.351	**0.532**	0.519	− 0.104	0.158
サクサク	**0.917**	0.100	− 0.172	0.022	0.029
固有値	7.35	3.85	1.72	1.22	1.05
寄与率	0.37	0.19	0.09	0.06	0.05
累積寄与率	0.37	0.56	0.65	0.71	0.76

トペでの，個々の食べたくなさ指数について，D社とA社との差を求めた。図6-4では，差の大きかった順に，ベタベタ・ドロドロ・クニャクニャ・パサパサ・グシャグシャ・ギトギトであった。図6-6では，差の大きかった順に，ベタベタ・ドロドロ・グシャグシャ・ネバネバであった。2つで共通しているのは，ベタ

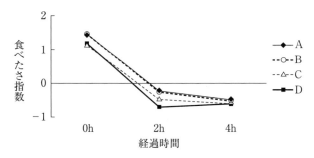

図6-5　主成分1での食べたさ指数の平均値

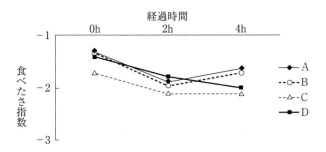

図6-6　主成分2での食べたさ指数の平均値

ベタとドロドロとグシャグシャであった。弁当での使用状況で，これらが表している食感の内容について，A社の製品の方がよかった。これらの内容は，揚げたコロッケの皮部分よりも中身の部分の水分量に関わっているものと考えられる。D社の製品を現行よりも食べたいと思ってもらえるようにするための改善点としては，時間が経過した時に，中身の特にポテトの水分離れがよくなるように素材の変更を行なうということが考えられる。

このような結果は，食べたいという総合評価に関して，単に，食べたいかどうかという評価を行なっただけでは得られないものであった。物理的属性と情意との両面を表すオノマトペを使うことによって得られた結果であり，オノマトペの有効性を表している。ひととものとの関係を考える時，ものの物理的属性とともに，そのものに対して人が抱く感情や意思・意図などの情意問題が重要となってくる。これらの橋渡し役として，オノマトペが重要な役割を持っているであろう。

2　記憶に残る品質化

ひとがものと接して，そのもののことを記憶に留めておくことができれば，よりひとに近いものになったということである。一般のひとにこのように感じてもらえるような品質を特定できれば，そのものの価値を高めることができる。このことは，記憶というこころの働きを心理的付加価値としたものづくりを意味している。

乳酸飲料を使用して，味の記憶と気持ちとの関係性を明らかに

して，新たな飲料の開発のシステムを提案した事例である。乳酸飲料 A，B，C の 3 種類を使用して実験を行なった。[2] 最初の週に各飲料を飲んでもらいその味を記憶してもらった。記憶した直後に評価用紙に記入してもらい，1 時間後に同じ評価用紙に飲んだ時の味を思い出しながら記入を行なってもらった。そして，1 週間後にも同様の評価用紙を用いて，1 週間前に飲んだ飲料の味を思い出しながら記入してもらった。使用した評価項目は，飲料の味と飲んだ時の気持ちに関する 20 項目で，片側 5 段階評価尺度で評価してもらった。

　得られた結果から主成分分析を行なった。飲んだ直後の評価と飲んで 1 時間後の評価と飲んで 1 週間後の評価との 3 つを合わせて分析を行なった。

　第 1 主成分は飲んだときの爽快感と第 2 主成分は飲んだときの印象と解釈できた。主成分得点を計算し，直後と 1 時間後と 1 週間後とで 2 つの主成分の平均を求め，第 1 主成分と第 2 主成分との 2 次元平面にこれらを布置した結果より布置図を作成した（図6-7）。この布置図より，飲んだ直後よりも 1 時間後や 1 週間経過した後で，第 1 主成分の爽快感の評価が高くなっていた。飲んだ直後よりも，飲んでから時間が経った方がより爽快感を強く記憶しているのではないかと考えることができる。

　次に，得られた結果を，グラフィカル・モデリングにより分析を行なった。図 6-8 は乳酸飲料 B での 1 時間後の結果である。

---

2) 神宮英夫　2016　食品の感性評価研究，経営システム，Vol.26，No.1，32-35.

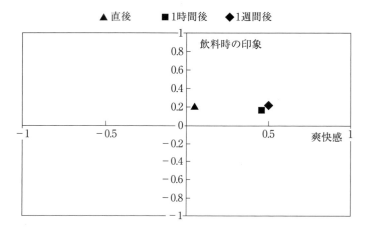

図 6-7 主成分得点の布置図

　必ずしも適合度はよくないが，飲料の品質と気持ちとの関連性を読み取ることができる。各飲料において，飲んだ直後の各項目の繋がりが一番多く，1時間後に繋がりが大きく減少していた。さらに，1週間後の評価では，1時間後よりつながりが増加傾向にあるということがわかった。このようなつながりの多さは，記憶が大きく影響していることを意味している。

　グラフィカル・モデリングにおける分析結果より，1時間後より1週間後の繋がりが多くなるという傾向は，評価者が味の記憶を長期記憶から想起しているためであると考えられる。それぞれの飲料において，「リフレッシュできる」という気持ちは「爽やかさ」という味とのつながりが多かった。このことから，乳酸飲料において，「リフレッシュできる」と「爽やかさ」が記憶とし

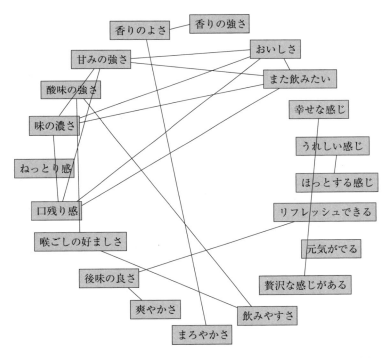

図 6-8 乳酸飲料 B での 1 時間後の結果のグラフィカル・モデリング
（偏相関係数 0.4 以上）

て保持されていると考えられる。したがって，乳酸飲料の製品開発においては，爽やかさをより強調できる品質化によって，より記憶に残る飲料に改善していくことができるであろう。

3 ○○感の品質化

　剛性感，安定感，スピード感，これらは，自動車に乗った時に感じたことを表現した言葉である。このような "○○感" は，日常よく使用されている。ひとが五感を通して情報を受け入れ，こころの中でその全体像を構成し，ある特定の内容だけが意識される。この意識が明確な場合は印象として意識される。何となく感じていることもあり，これが "○○感" として表現される。高級感あるいはプレミアム感は，ものの付加価値として製品化に際して重要である。このことで，他社品との差別化や価格面での優位性を保持することができる。

　どのような品質要素によって，ひとは高級感を感じているのかを，化粧品を例に "感性イメージ解析法" を用いて明らかにした[3]。

　「優雅な」というような形容詞を考えてみる。その後に続く言葉（名詞）によってイメージ内容は大きく異なる。例えば，「優雅な＋フォルム」と「優雅な＋時」では，前者が形態デザインの優雅さを表すのに対して，後者はものによって創造されるライフスタイルの優雅さを表す。本手法は，このことに着目し，ものに対して表現された言葉（テキスト型データ）から，そのもの特有

---

[3]　西藤栄子・神宮英夫　2009　「商品イメージ解析法」の有用性─化粧品の高級感を例に─　平成 21 年度日本人間工学会関西支部大会講演論文集，87-88.

のイメージをより精度良く解析する方法である。テキスト型データは，評価者の意見を直接反映したデータであるために，分析の工夫しだいでは，そのものと接して構成されたこころの中の全体像により近い結果が得られることが期待できる。

　最初に，表現された言葉を「形容詞＋名詞」単位で収集・整理する。次に，「形容詞＋名詞」単位の分類過程で名詞に着目して分類する。このことによって，分類者がそのもの特有の表現の枠組みを理解でき，従来の形容詞だけを捉える方法に比べて，もの特有の全体像の解明が可能になる。

　分析対象データは，化粧品の高級感に対する意見データである。各文章から，高級感を表現している用語を，"感性イメージ解析法"で収集・整理，分類して，高級感カテゴリーを求めた。各カテゴリーに出現した形容詞の意味と出現頻度から，評価者が化粧品に抱く高級感の意味・内容を調べ，高級感を左右するカテゴリー間の関連性をコレスポンデンス分析によって検討した。

　高級感表現文から収集・整理した「形容詞＋名詞」単位の総数は941単位であった。これを"感性イメージ解析法"で分類した結果，表6-3の8カテゴリーが抽出された。8カテゴリーでの形容詞の出現比率は，『品質』で最も高く，次いで『化粧感』『デザイン』の順であった。8カテゴリーに分類された「形容詞＋名詞」単位の中の形容詞に着目し，各形容詞が，いずれのカテゴリーに出現したかを，表6-3のように整理した。化粧品の高級感では，まず価格で「高い」というイメージを抱いており，品質でも「高い」と感じていた。さらに，複数のカテゴリーに出現している形

表 6-3　形容詞の 8 カテゴリーへの出現頻度

	CM	価格	化粧感	ターゲット	デザイン	品質	負担要員	ブランド性	出現頻度
1.　高い		26	3	2	2	7		2	42
⋮	⋮	⋮	⋮	⋮	⋮	⋮	⋮	⋮	
10.　滑らかな			4			8			
⋮	⋮	⋮	⋮	⋮	⋮	⋮	⋮	⋮	
20.　輝いた			5		1	2			12
⋮	⋮	⋮	⋮	⋮	⋮	⋮	⋮	⋮	8
391.　魔法にかかっているかのような			1						

総語彙数　941

容詞を対象に，コレスポンデンス分析を実施してカテゴリー間の関連性を調べた（図 6-9）。その結果，『価格』と『ターゲット』は高級感には欠くことのできない要素ではあるが，ものづくりの立場からみれば，顧客に高級感を効果的に抱いてもらうためには，高級な品質設計をして（次元 2），それを『CM』『デザイン』『店員や店などの付加要因』によって効果的に表現する（次元 1）］とよいといえる。

　次に，作り手の意図や思いを顧客に伝えるためのものとして，商品コンセプト文がある。どのようにすればコンセプト文で高級感を感じてもらえるかを，ハイプレステージブランドとそうでない低価格帯ブランドとの比較から明らかにした[4]。

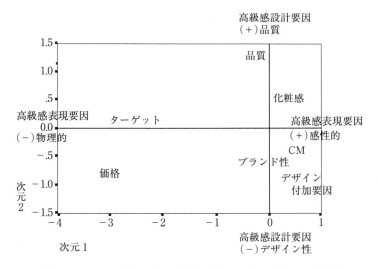

図 6-9 コレスポンデンス分析による 8 カテゴリーの布置

　最初に，コンセプト文の高級感の評価と注目した箇所について分析した．そして，これらの箇所を，ハイプレステージブランドで高級と評価されたもので 20 箇所，低級と評価されたもので 17 箇所，低価格帯で高級と評価されたもので 21 箇所，低級と評価されたもので 20 箇所の 4 グループに分けた．そして，各箇所についてどの程度高級感を感じるか 7 段階評価してもらった．

　主成分分析を行ない，累積寄与率 0.6 以上の主成分で，寄与率から相対比率を考え合計が 10 語となるように，負荷量が高いものから順に選定した．そして，これらの用語を用いて，グラフィ

---

4) 高橋正明・神宮英夫　2008　感性イメージ解析法による化粧品の高級感に関する研究，第 10 回日本感性工学会大会予稿集，P0149.

カル・モデリングで用語間の潜在的な関係を分析した。

ハイプレステージブランドで高級と評価されたもの（図6-10）では，「透明感」や「みずみずしい」などの感性的側面で構成されていた。これに対し，低価格帯で高級と評価されたものでは，「新しい」と「エネルギー」のように新規性をもったもので構成されていた。また，両ブランドで高級感の低かったものは，「毛穴の汚れ」と「古い角質」や「余分な皮脂」と「黒ずみ」のようにマイナスのイメージを持った物理的属性で構成されていた。このことから，両ブランドともマイナスのイメージを持った物理的属性を用いることは，低級な評価を与えてしまう恐れがあると考えられる。

さらに，実際に化粧品を使用した時のどのような使用感が高級感をもたらしているのかを明らかにするために，なるべく実使用時を設定して評価実験を行なった。化粧品は，長期にわたって使用されるものである。化粧品の連用によって顧客の気持ちがどのように変化していくかを明らかにすることが必要である。そこで，化粧水を連用した際に感じる使用感の変化が高級感にどのような影響を与えるのかという視点から，分析を行なった[5]。

ハイプレステージブランドで2種類，低価格帯ブランドで2種類の化粧水を使用し，評価者毎で，ハイプレステージブランドと低価格帯ブランドの化粧水をそれぞれ2本，計4本を用意した。ボトルに小分けしたものを1本につき1週間使用してもらった。

---

5) 高橋正明・神宮英夫 2009 化粧水の連用における使用感と高級感との関係性，第11回日本感性工学会大会予稿集，1G3-6.

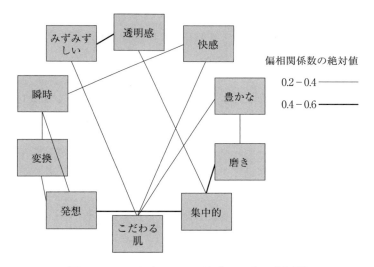

図 6-10　ハイプレステージブランドで"高級"

　評価者には，化粧水のみを変えてもらい，化粧水以外の日常で使っている化粧品に関しては変えずに使用してもらった。1 日目と 4 日目と 7 日目で計 3 回評価してもらった。

　評価シートは，総合評価としての高級感の 1 項目と，評価用語として，ひんやり・みずみずしい・さっぱり・しっとり・なめらか・のび・肌になじむ・さらさら・べたべた・つるつる・潤う・つっぱる・乾きやすい・香りが強い・アルコールっぽいの 15 項目で構成した。「感じない (1)」から「とても感じる (5)」までの 5 段階片側尺度を用いた。

評価内容と高級感との隠れた因果関係のモデルを構成するために探索的因子分析を行なった。データ構造は、ハイプレステージブランドの2種類のデータを合わせ、縦を参加者、横を評価用語とした。低価格帯ブランドのデータ構造も同様であった。ハイプレステージブランドで1日目・4日目・7日目のものと、低価格帯ブランドで1日目・4日目・7日目の計6つのデータを得た。これら6つのデータの因子分析では、因子は固有値1.0以上のものとし、共通性の低い変数を除き、残った評価語で因子分析を再び行なった。この作業をくり返し行なった。その結果、表6-4のような因子が得られた。

因子分析の結果から命名した因子を潜在変数として、高級感との関係を構造方程式モデリングによって分析した。

ハイプレステージブランドでは図6-11・図6-12・図6-13より、使い心地と肌実感が各連用の時点で共通して存在していた。さらに、使い心地から高級感へのパス係数が1日目では0.11、4日目では0.06、7日目では − 0.27となり、使い心地から高級感への影響力は日を重ねるにつれて低く、さらに逆の効果を持つようになっていた。肌実感から高級感へのパス係数は1日目では −0.54、4日目では1.08、7日目では − 0.19となり、1日目から4日目で上がってはいるが、7日目でマイナスとなっていた。このことから、評価者は化粧水を連用していくと、使い心地と肌実感といった使用感による高級感への規定力は低下していくことが考えられる。

低価格帯ブランドでは、図6-14・図6-15・図6-16より、使い心地と肌実感が各連用の時点で共通して存在していた。さらに、

6章　心理的付加価値　*109*

表6-4　探索的因子分析より命名した因子

	因子1	因子2	因子3	因子4
ハイプレステージ ブランド1日目	肌実感	匂い実感	使い心地	
ハイプレステージ ブランド4日目	肌実感	使い心地	匂い実感	使用後の肌
ハイプレステージ ブランド7日目	肌実感	使い心地	伸縮感	
低価格帯ブランド 1日目	肌実感	い心地	清涼感	
低価格帯ブランド 4日目	肌実感	使い心地	持続感	
低価格帯ブランド 7日目	肌実感	使い心地	持続感	さらさら感

　使い心地から高級感へのパス係数が1日目では0.06，4日目では1.34，7日目では−0.76であり，1日目から4日目で上がってはいるが，7日目でマイナスとなった。また，肌実感から高級感へのパス係数は1日目では1.39，4日目では0.91，7日目では0.21であった。4日目から7日目において影響力が低下していることから，化粧水の連用において，使い心地と肌実感といった使用感による高級感への規定力はやはり低下していくことが考えられる。

　両ブランドにおいて，7日目の高級感へのパス係数が高かった要因は，ハイプレステージブランドで伸縮感，低価格帯ブランドでは持続感であった。これらのことから，化粧水を連用し続けることでブランドによる特徴が現れ，高級感を規定する要因が明確

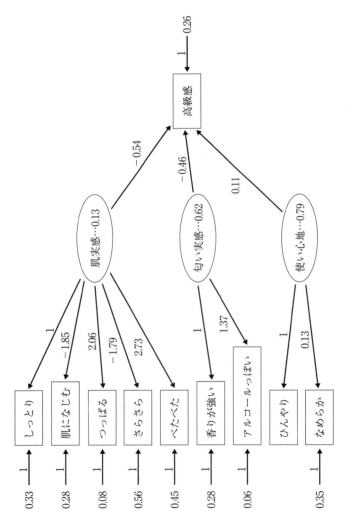

図6-11 ハイプレステージ1日目

6章 心理的付加価値　111

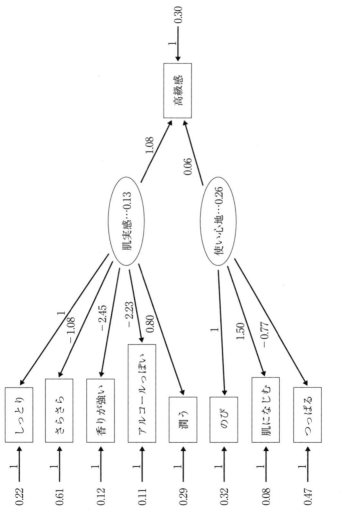

図6-12　ハイプレステージ4日目

112

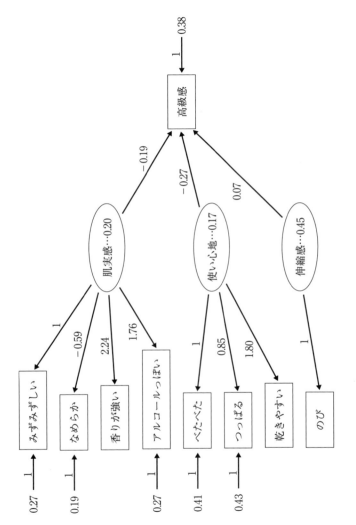

図6-13 ハイプレステージ7日目

6章 心理的付加価値　113

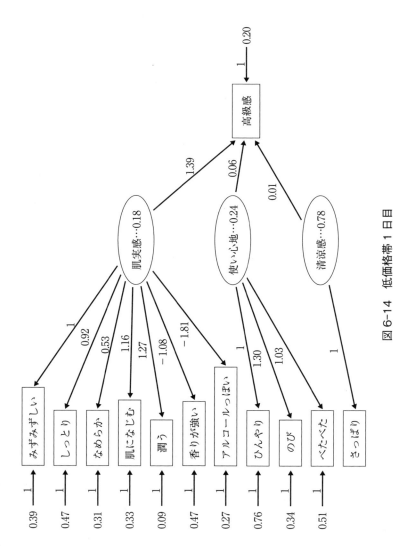

図6-14　低価格帯1日目

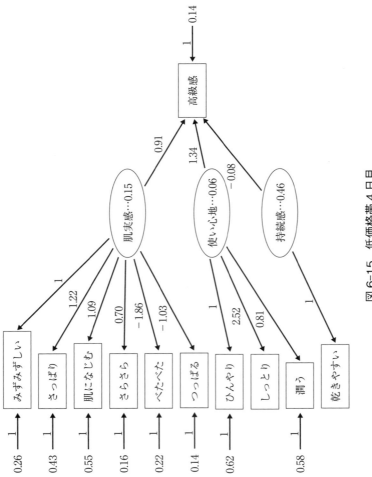

図6-15 低価格帯4日目

6 章 心理的付加価値　115

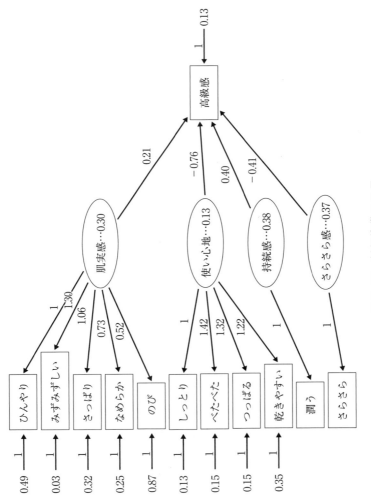

図 6-16　低価格帯 7 日目

になってくるのではないかと考えられる。6つのモデルにおいて，カイ2乗検定でモデルの適合度を検定したところ，適合度の低い結果となった。このことから，両ブランドでは，高級感を今回のような評価側面だけで説明することが難しいと考えられる。おそらく，パッケージデザイン，CM，イメージタレント，ブランド名，企業名など，品質そのもの以外の外部情報がかなりの影響力を持っていると考えることができる。

7章

評価の時系列性

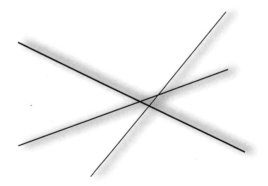

118

ひととものとの時間的な関係が，評価に重要な影響を及ぼしていることは，1章3節で述べた。得られた評価が，ひととものとの関わりの中で，その全体の結果を表しているのか，最初が効いているのか最後なのか途中なのか，必ずしも明確ではない。もちろんこのことが意識される場合もあるが，意識されない場合の方が多い。特にこの意識されない場合には，評価の時系列性を明らかにする必要がある。

1　時系列の重要さ

ひとがものと接したときに，評価がもたらされる。その接する時間は，短い場合から長い場合までさまざまではあるが，ある一定の時間が費やされている。飲料を口に含んで飲み込むまでの一瞬の時間から，長時間のイベントに参加している場合，さらには自分の人生を振り返っての評価のように，長短さまざまである。通常，ものに接し終わった後で評価が実施される。この評価結果は，接した時間の全体としての評価であると，一般的には考えられている。例えば，食品の場合であれば，食品を見て食べた後で，総体としてどの程度おいしかったかが評価結果として得られる。しかし，非常に短い時間であっても，ひとと食品との間の時間的な変化は常に存在している。見た目はおいしそうでなくても食べてみておいしかったなどである。このように，通常得られる評価結果は，評価直前の影響を受けているのか，途中で感じた強烈な印象がもたらした結果なのか，ものと接し始めたときの強い印象

なのか，は不明である。多様な可能性が反映されているにもかかわらず，総体の結果として解析されているのが現状である。このように，ひとがものと接する際の時間的変化を反映できていないことは，正確な評価結果を得るという点からは問題である。

　評価の時間的な変化に関して，現状ではどのような対応がなされているのであろうか。一般的には，時間的な流れの中で，その流れを中断して評価を求めることが行なわれている。例えば，ガムを噛んで唾を飲み込むごとに，香りの強さや噛み心地などの評価を5段階評定法で得て，複数回のデータをグラフィカル・モデリングで解析することになる。この場合は，ガムとの関わりについての節目が明確なため，その節目で中断して評価がなされている。また，最近では，ある品質の側面，例えばガムであれば甘味の強さなどの単一の側面について，時間の変化に対応して感じた強さを評定法で評価する，時間強度法（method of time intensity）が使用されている。さらに，Temporal Dominance of Sensation（TDS）法では，複数の品質要素の中で一番強く感じている要素を，例えばガムであればある時点では甘味であり他の時点では香りというように，時間的に表現していくことで，そのものの特性を明らかにしようとしている。

　このような，ひととものとの関わりの中で，その関わりを中断することは，あまり日常的な状況ではなく，評価者がその評価に注意を向けざるを得ないという負荷がかかることになる。このような中断を行なわない方法としては，言葉による評価を使用せずに，何らかの動作を対応させるやり方がある。例えば，自動車に

乗っているときの車内の騒音を，ハンドルにつけた圧力センサーを握ることで表現する異種感覚間マッチング（cross-modality matching）法がある。騒音の物理量とセンサーの圧力値の時系列を対応つけて，感じた車内のうるささが時間的にどのように変化したかを分析することになる。この場合は，言葉を使うことによる中断は存在しないが，センサーを握るという他の感覚で表現する際の注意の分割が必要となってくる。もちろん，生理・脳機能測定がリアルタイムで行なわれることがある。この場合は，種々のセンサーをつけることの非日常性と，得られた測定値の意味付けの難しさが存在する。例えば，心電計による副交感神経の活動指標としての HF の時間的変化について，ひとがどのようにそのものを受け止めていたかを意味付けすることは，この値の変化だけでは難しい。

　いずれにしても，なにがしかの問題点がそれぞれにあり，必ずしも満足のいく方法ではない。このような評価の時系列性に関する問題点について，何らかの解決策を見出さなければ，評価の妥当性を担保できない。そこで，感動の評価手法としての“曲線描画法”を発展させてきた。この描画法は，結婚式などで感じた時々刻々変化する感動を，時間の経過に対応させて感動の強さとしての程度を曲線で表現する方法である（図7-1）。この図をスキャナーで読み込み，縦軸の値を時間ごとに求めて，感動の強さのデータとする。この方法は，ある程度長期の変化を記憶しており，この記憶を終了後に強さで表現してもらうものである。

　思い出された記憶の強度，つまりその程度に関する記憶の量的

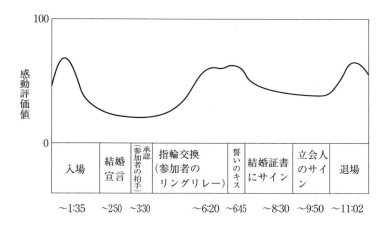

図 7-1 描画された結婚式の感動曲線

内容に関する研究はほとんど行なわれていない。記憶内容の量的側面とその物理量の関係は，記憶心理物理学（memory psychophysics）と呼ばれており，実験状況の中で，物理量の異なる刺激を提示し，ある時間経過後にその強度の再生を，マグニチュード推定法を使用して求められている。記憶に関する時間経過は比較的短いが，その時点での物理量の特定は意識して再生するという非日常的な状況で行なわれている。

　結婚式は，時間的に変化するフェイズが，花束贈呈やあいさつなどのように明確であり，記憶の再生に際して十分な手がかりが存在する。食品や化粧品さらにはユーザビリティーがかかわる製品では，明確なフェイズが存在しない。その代りとして，結婚式ほど長時間ではない。このように，時系列性に対する記憶の手がかりは少ないが，比較的短時間の接触という事態にも，この"曲

線描画法”が十分に適用可能である。さらに，今までの本手法の適用は，雰囲気としての感動の強さを表現してもらうものであり，単一の評価側面で実験が行われてきた。ユーザーエクスペリエンスやユーザビリティー，また食品などの身近な製品の評価では，単に使いやすさという単一の側面だけではなく，多様な側面を同時に結果として取得する必要がある。でなければ，次の製品開発につながる結果とはならない。このような多様な側面の描画が可能かどうか，またその際のデータの信頼度など，考えるべき問題が多くある。

2 連用の効果

ひととものとの関係を考えたとき，あるものを使い続けるという連用の状況がある。この連用が持つ効果を，どのように明らかにしていけばよいかを考えてみる。香りの異なる石鹸で洗顔することで，使用者にどのような心理的効果があるのかを，さまざまな香りが賦香された石鹸で明らかにした[1]。通常は，泡立てて洗顔をしてというように，1回の使用での評価が行なわれている。香りには，連用によってもたらされる効果も考える必要がある。

無賦香石鹸（A）と，ローズの香りの石鹸（B）と，木の香りの石鹸（C）と，柑橘系の香りの石鹸（D）の4種類を使用した。女性の実験参加者に協力してもらった。Aを1週間最初に使用

---

1) 戸田知子・神宮英夫　2016　洗顔石鹸における香りの心理的効果　第11回日本感性工学会春季大会発表論文集，G71.

7章 評価の時系列性 *123*

表7-1 石鹸の主成分分析結果

	泡特性	すすぎやすさ	不快感	しっとり感
泡立ちの速さ	**0.677**	− 0.275	0.429	− 0.264
泡の量	**0.799**	− 0.030	0.258	− 0.273
泡の細かさ	**0.819**	0.279	0.109	0.038
泡の硬さ	1.126	**0.839**	0.037	− 0.262
泡の質感	**0.647**	− 0.400	− 0.032	0.048
泡の持続性	**0.819**	0.377	0.105	0.074
すすぎやすさ	0.355	− **0.649**	0.062	− 0.024
しっとり感	0.489	0.020	− 0.486	**0.617**
さっぱり感	0.489	− **0.538**	− 0.425	− 0.340
つっぱり感	0.435	− 0.272	**0.565**	0.533
洗浄力	0.544	− 0.164	− **0.563**	− 0.096
固有値	3.96	1.97	1.33	1.10
寄与率	0.36	0.18	0.12	0.09
累積寄与率	0.36	0.54	0.66	0.75

　して，賦香石鹸のいずれかを1週間使用してもらった。なお，石鹸の使用手順に関しては，石鹸を泡立てネットで10回こすって泡立て，その泡で朝・夕2回洗顔してもらうようにした。夕方の1回だけでも可とした。Aを渡すと同時に，評価用紙と気分評価のPOMS 2を渡した。1週間後に評価用紙とPOMS 2に答えてもらった。そして，次の1週間用の石鹸（BCDのいずれか）と評価用紙とPOMS 2を渡した。評価用紙は片側5段階尺度で，泡立ちの速さ，泡の量，泡の細かさ，泡の硬さ，泡の質感，泡の

持続性，すすぎやすさ，しっとり（うるおい）感，さっぱり感，つっぱり感，洗浄力，総合評価（好き嫌い）の12項目であった。

評価結果は，賦香よりも無賦香の方が，泡立ち関係でよい結果を示していた。また，総合評価では，石鹸Cが低く，他の3品はほぼ同じであった。主成分分析の結果は，固有値1以上で4主成分が抽出された（表7-1）。BCDの各石鹸の主成分得点の平均を，泡特性とすすぎやすさでの2次元に布置した（図7-2）。石鹸Cの方が泡特性の値が低く，石鹸Dのすすぎにくさが際立っ

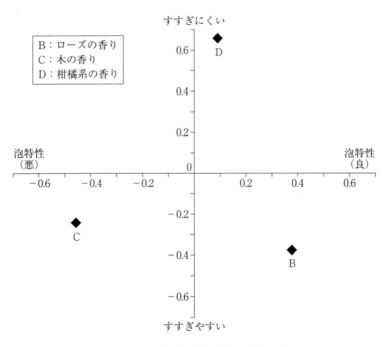

図7-2　主成分得点での各石鹸の布置

ていた。

POMS 2 による香りの効果を，賦香の結果（2回目）から無賦香の結果（1回目）を引いて求めた。POMS 2 は「気分プロフィール検査」であり，過去1週間の気分を質問紙に答えるものである。8つの尺度が求められる。AH：〔怒り−敵意〕，CB：〔混乱−当惑〕，DD：〔抑うつ−落込み〕，FI：〔疲労−無気力〕，TA：〔緊張−不安〕，VA：〔活気−活力〕，F：〔友好〕の7尺度と，ネガティブな気分状態を総合的に表す「TMD 得点（AH + CB + DD + FI + TA − VA）（図7-3）である。Bで，ローズの香りによる，〔怒り−敵意〕，〔混乱−当惑〕，〔抑うつ−落込み〕，〔緊張−不安〕，TMD 得点で，有意に負の気持ちの低減効果があった。Cでは，木の香りがあることで，むしろ負の気持ちの増大効

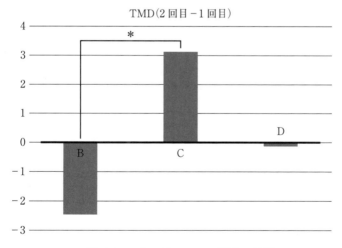

図7-3　POMS2 の TMD 得点の結果

果がみられた。Dでは，柑橘系の香りにより，〔友好〕の増大で，TMD得点は変化しなかった。

　一瞬のひととものとの関係からだけでは，明確にできない側面が多々ある。連用することで，ものに対する評価とともに気持ちの変化という心理的付加価値が明らかになった。ひとともものと時系列上の関係を考えることで，多様な側面からのものづくりが可能になる。

3　イベントの評価

　ひとがイベントに参加したときには，そのイベントとの関わりには，時系列上での変化が存在する。この変化を捉えるためには，生理・脳機能測定が効果を発揮することが期待できる。しかし，生理指標だけでは，変化の詳細を明確にすることはできない。例えば，副交感神経が活性化したのは，ひとがイベントの何をどう受け止めたからなのかを説明することはできない。どうしても，評価や行動指標を組み合わせて考察せざるを得ない。

　あるテーマパークでプロデュースされた対比的なコンセプトを持つ2つのアトラクションを対象として，「想定されているコンセプトと顧客の感じ方が一致しているか」という点を明らかにしようとした。その際，通常の言葉による評価としての意識的な面だけではなく，サーモグラフィや心電計などによる生理機能測定も行い，時系列評価を試みた[2]。

　アトラクションのAとBの2種類を，大学生の参加者に経験

してもらった。それぞれのコンセプトは，前者が「スリル・ユーモア」で，後者が「ゆったり・たのしむ」である。アトラクション場面を内容から大きく分類すると，前者が7場面で後者が6場面となる。どちらのアトラクションも体験時間は約10分前後であり，乗り物はボートタイプ（20名／台）であった。

　心電計，顔面温を図るためのサーモグラフ，メガネ型ビデオ，を使用した．メガネ型ビデオは，アトラクションの流れと場面ごとの時間の確認のために使用した。参加者にアトラクションの外で外観を見てアンケートに回答してもらい，入場前に日陰で顔面温の測定を行なった。入場後には，並んでいる間に何か思ったことがあれば，気分やアトラクションの雰囲気についてコメントをしてもらった。アトラクション体験中は，心電計測とメガネ型カメラでの撮影を行なった。アトラクション終了後は，外に出たら直ちに日陰で顔面温の測定を行ない，その後アンケートに回答してもらった。アンケートの質問項目は，実験前が「今の気分を率直に」・「アトラクションに対する期待感」・「アトラクションに対するイメージ」・「その他（思うことがあれば）」の4項目で，実験後が「乗り終えてどんな気分か」・「印象に残ったものや場面」・「実際のアトラクションの雰囲気」・「どこが（または何が）楽しく感じたか？　楽しめなかった場合はその理由」・「その他（思うことがあれば）」の5項目とし，自由記述で答えてもらった。

　図7-4・図7-5は，各アトラクションにおけるLF/HF平均の

---

2) 神宮英夫　2012　ものからサービスへの官能評価―時系列官能評価の必要性―　日本官能評価学会誌，Vol.16，No.2，98-103.

場面毎での推移である。なお、点線はアトラクション全体におけるLF/HFの平均を示した。

顔面温の結果については、測定した顔面温から「相対比＝（最高温度－中心温度）／中心温度」を算出した。Aについては、体験前後で相対比の平均に有意差はなかったが、Bについては、体験前後で相対比の平均に有意差があり体験前から体験後で顔面温が上昇していた。自由記述の結果について、これらが各アトラクションのコンセプトと一致しているか、また否定表現ではないかについて分類を行なった。分類の信頼性を期すために、他者の意見も交え2名で判断した。

顔面温の上昇は、副交感神経の活動を表している。顔面温が上昇したAとBでの参加者では、ゆったりさやリラックスさを感じていた。一方、顔面温の低下は交感神経の活動を表している。

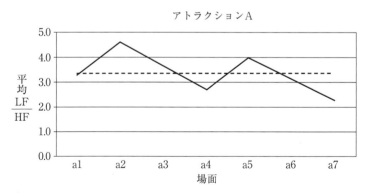

図7-4　アトラクションAでの場面ごとでのLF/HFの平均

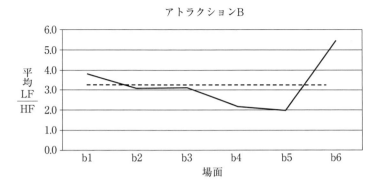

図 7-5　アトラクション B での場面ごとでの LF/HF の平均

顔面温が低下した A での参加者は，スリルを感じていたことになる。これらの結果と自由記述の内容の分析結果とメガネ型ビデオでの撮影結果とでは対応性がみられた。

　生理機能の時系列測定と評価との組み合わせによって，評価の時間の問題をある程度解決できる。イベントプロデュースを含めたサービスの問題や，映画などのコンテンツなどさまざまな分野で，ひとが長時間ものと接する状況が多々ある。このような多様な領域に，このような組み合わせ解析が有効であろう。

4 評価と品質の対応

ひとがものと接してそのものに対して下した評価を，そのものが持っている品質と対応づけられなければ，ものづくりに活かされることはない。特に，品質の物理的属性値と評価結果との対応性から，どの品質をどれだけ変化させれば適切かが特定される。特に，評価の時系列性が問題になるような場合には，この特定が難しい。

イメージスキャナーが発生させるさまざまな音のうち，どの音によって不快感が生じているのかを明らかにするために，異種感覚間マッチングの手法を使った[3]。音に対する不快感の物理的属性は，音の大きさが一番関わっていると考えられる。そこで，スキャナー動作時の音の大きさを測定した。時系列評価としては，不快の程度に関してセンサーをつまむ力で表現してもらうことにした。

イメージスキャナーで読み込む用紙は，A4 の上質紙で，厚さが 45K と 180K の二種類で，それぞれ 1 枚と 25 枚に分けて使用した。動作音を録音するとともに，センサーでつまむ力を測定した。イメージスキャナーに用紙をセットして動作させ，スキャン中の動作音に対して不快感を持ったときに，その程度についてセンサーをつまむ力で表現してもらった。

---

3) 髙島大輝・神宮英夫　2016　動作音に関する不快感の時系列評価　平成28年度日本人間工学会関西支部大会講演論文集，58-61.

次に，センサーの結果とそれに対応したイメージスキャナーの動作音の音圧レベルのグラフを比較した。横軸が時間を示し，縦軸は下のグラフが不快感の強さを示し，上のグラフは音圧レベルを示す。図7-6から図7-9を見ると，音圧レベルのピークに合わせて不快感が大きくなっていた。この音圧レベルのピークは，スキャンし終わった用紙がスタッカーに送られてきたときに発生する音である。また，この音は上質紙45Kのときにも発生しているが，180Kのときに比べて音圧レベルは小さく，また，つまむ力で表現された不快感もそれほど大きくはなかった。

このように，音圧が大きくなると不快感が大きくなる傾向が見られた。そして，イメージスキャナーのスタッカーが不快感に影響していることが考えられる。イメージスキャナーの動作音の不快感はスキャンする用紙が厚くなると，スキャンし終わったときに発生する音圧が大きくなり，枚数が多くなると音の発生する回数が増えることによって，大きくなると考えられる。そのため，イメージスキャナーのスタッカーが，不快感をもたらしている可能性が高いと考えられ，この点の改善がより快適なイメージスキャナーの開発に必要であるといえる。

イメージスキャナーでは，音の不快感という1つの側面での評価の時系列性であったが，これを複数の評価側面で得ることで，時系列性を織り込んだ評価側面の関係性を明らかにすることができる。

立体視映像に接したときに臨場感や実物感などを強く感じることができる。映像は時間的に変化し，感じる臨場感も同様に変化

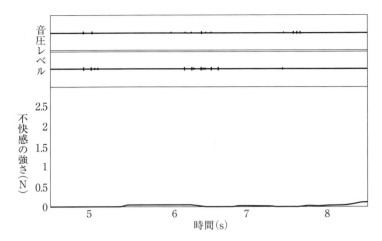

図7-6　45K 1枚の不快感の強さ

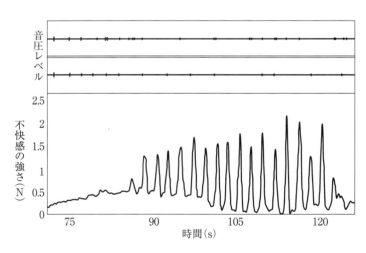

図7-7　45K 25枚の不快感の強さ

7 章 評価の時系列性 133

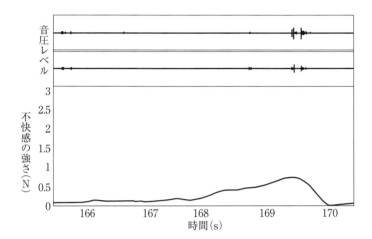

図 7-8 180K 1 枚の不快感の強さ

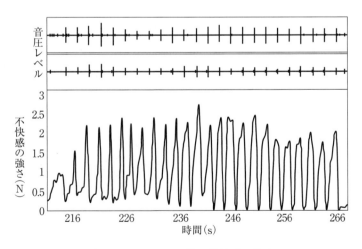

図 7-9 180K 25 枚の不快感の強さ

する。このような時間的に変化する臨場感を評価結果として得る
ためには，どのような方法が適切であるのか。通常は，その映像
の終了後に，評定法などで評価してもらうことになる。これでは，
その結果が，はたして全体としての評価であるのか，評価直前の
結果であるのか，最も強く感じた場面での結果であるのか，不明
なところが多い。もちろん，時間的な流れに対応して，程度の評
価を求めることもできるが，連続的な流れを中断して評価しなけ
ればならない。このように，時系列評価は，リアルタイムでの評
価と後で振り返っての評価との2種類が考えられる。リアルタイ
ムの方は，常に映像との関わりを中断しながら評価する必要があ
る。一方，振り返っての評価は，記憶との関係を考える必要が出
てくる。

　時系列評価のリアルタイム評価として，前述のような異種感覚
間マッチング法が考えられる。3Dらしさとしての臨場感ととも
に，自然な・リアルな・美しい・圧倒する，の4項目の評価を求
めた[4]。これらの臨場感については，センサーでつまむ力を測
定した。3D映画から3つのシーンを選択した。シーン1とシー
ン2は動きが多く，3D効果を意図した演出が多い画面を含んで
いた。シーン1は遠景から撮影した横方向の動きが多いのに対し，
シーン2は近距離のカメラで奥行き方向に重なる登場人物を映す
ような演出が多かった。シーン3は比較的ゆっくりとした動きが

───────────

4）神宮英夫・犀川隼・伊丸岡俊秀　2014　時系列評価による映像の3Dら
　　しさ　平成26年度日本人間工学会中国・四国支部，関西支部合同大会講
　　演論文集，82-83.

7章 評価の時系列性 *135*

表 7-2 臨場感との相関係数

	シーン 1	シーン 2	シーン 3
自然な	− 0.034	0.416	0.315
リアルな	0.344	0.523	0.098
美しい	0.201	0.115	0.057
圧倒する	0.318	0.810	0.694

主であり，シーン 1，2 に対する統制場面として設定した。実験
参加者には，「（評価用語）についてセンサーをつまむ力で評価し
てください。より（評価用語）を感じたら強く握ってくださ
い。」と教示した。

　5 秒単位での平均値を参加者間で求めた。臨場感と他の 4 評価
用語間での相関を求めた（表 7-2）。美しいに関しては，大きな
相関は得られなかった。さらに、偏相関係数によるグラフィカ
ル・モデリングを行なった（図 7-10、図 7-11、図 7-12）。シー
ン 1 では、リアルなと圧倒するが臨場感に関わっており、シーン
2 と 3 では、圧倒するが強く関わっていた。

　映像から感じる 3D らしさとしての臨場感に対して，その時系
列性を考慮した結果から，臨場感の評価項目間の関係を明らかに
することができた。

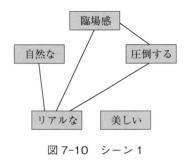

図7-10　シーン1

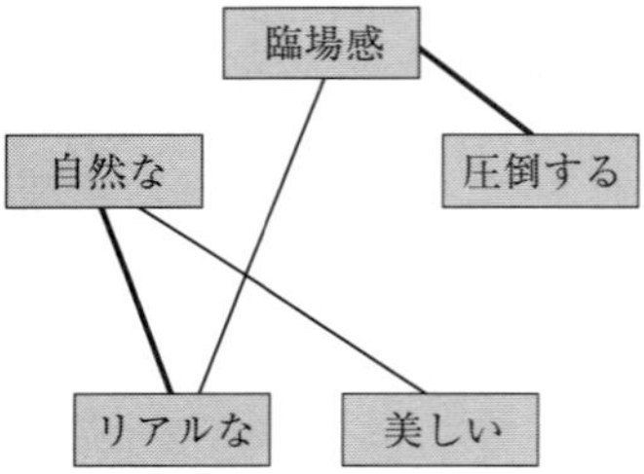

図7-11　シーン2 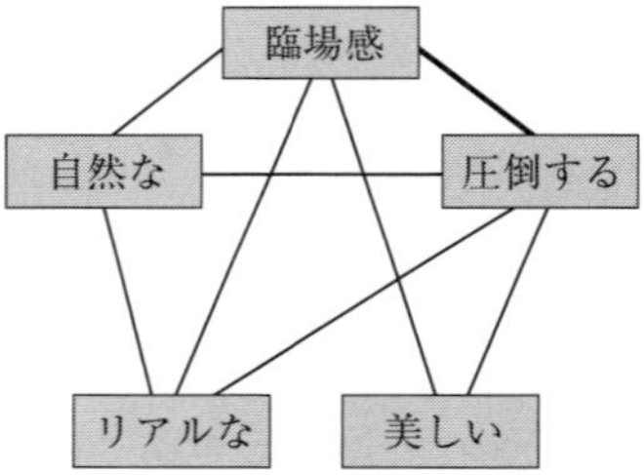　　　　　図7-12　シーン3

5　記憶による時系列評価

ひとと食品との関係を考えてみる。例えば，カレーライスを食べたとき，食べ始めから食べ終わりまでの間に辛さや食べやすさの度合いも変化している。食べ始めは食べやすいと思って食べるが後からくる辛さによって食べ終わりは食べにくいと感じるかもしれない。また，カレーライスを食べた当日とまたカレーライス

を食べたいと思ってカレールウを購入するとき，味の印象は一致
しているのであろうか。当日と時間が経った後の記憶で味の印象
が変化しているならば，味の記憶を考慮して製品開発をしなけれ
ばならない。味の記憶のメカニズムを明らかにすることができれ
ば，新しい視点からの商品開発ができるのではないかと考えられ
る。

　市販のカレールウ3種類（A，B，C）を使用した[5]。実験参
加者には，カレーライス一皿を食べ始めてから食べ終わるまでの
時系列変化をグラフで表現してもらった。評価用語は食べやすさ
とした。時系列変化のグラフはスキャナーで読み取り数値化した。
横（x）軸は食べ始めを0とし，食べ終わりを100とした。0,
10，20，…，90，100の11個の数値を読み取った。縦軸は0か
ら100の値で数値化とした。

　当日と記憶の平均値のグラフが，図7-13・図7-14である。当
日と記憶で差の検定を行なった。その結果，Cで有意差が見られ
た。Cは当日と比べて記憶の数値が低かった。また，3品の間で
グラフの形に違いがあるのかを調べるためにプロファイル分析を
行なった。

　3品のグラフが平行であるかを調べるために，平行性の検定を
行なった。平行性の検定では，バートレット調整をしたカイ2乗
近似を用いて判定した。その結果，どちらも有意ではなく，全て
平行であった。次に，3品のグラフで値の違いを調べるために，

5）丹羽花子・神宮英夫　2012　食品のおいしさの特徴に関する研究　第14
回日本感性工学会大会予稿集，A5-06.

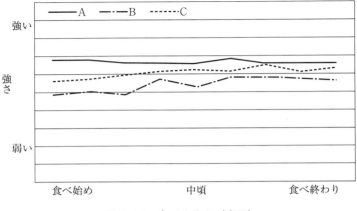

図 7-13　食べやすさ（当日）

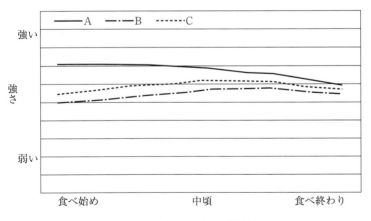

図 7-14　食べやすさ（記憶）

平行幅の有意性検定を行なった。その結果，当日は有意ではなかったが，記憶は，95%信頼区間を調べたところ，Aが大きくBとCの差に違いはなかった。図7-14を見ると，Aは記憶になると食べ始めの食べやすさが強調されていた。Cは記憶になると当日と比べ，食べにくいと感じていた。

カレーライスを食べたときの印象と1週間経ったときのその印象の記憶は変化していた。本研究の味の記憶実験は1週間という短い期間であったが，1カ月，1年という期間をあけると特徴的な結果が得られる可能性があると考えられる。

このような記憶を手がかりにした曲線描画法の可能性について，雰囲気としての感動の時系列評価を例に考えていく。雰囲気というのは実際に手に取ってみることはできない。しかしどのような場面，どのような状況においても，そこには雰囲気が存在する。結婚式をプランニングする際にも，時系列の経過の中で変化する感動の流れを予想して，式次第が構成されていく。ところが，雰囲気は「何となく感じる」というように，刺激と反応が曖昧で複雑な多感覚情報処理によってもたらされている。

時系列の中で変化する実際の雰囲気について，その強さの程度を曲線で表現する方法（曲線描画法，図7-1参照）を用いてデータ化する。そして，事前にプランナーの予測する感動の変化の流れを書いてもらい，それを同様に数値化する。なお，生理指標として，同席した実験者が心電計を装着して，副交感神経指標のHFを測定した。予測した感動と実際の感動とのズレの観点から検証していくことで，プランナーの意図が正確に他者に伝わった

かどうかを評価することができる。このことが，今後のプランニングに際しての指標となり，よりよいプランニングに繋がる手がかりを見出すことを目的とした。

　実際の2組の披露宴を対象に実験を行なった。各担当のプランナーには，披露宴開始前にプランに合わせて感動曲線を描画してもらった，披露宴のスタッフには，終了後に，どのような披露宴であったかの曲線を描画してもらった。曲線の記入例が図7-15である。

　披露宴①の時系列におけるプランナー，スタッフ，心電計測結果（HF）の変化を図7-16に示した。プランナーの曲線は，プランを立てる段階で書いてもらったものを数値化したものである。スタッフの曲線は，披露宴終了後に今の披露宴を思い返してもらいながら書いてもらったものを数値化したものである。同様に披露宴②の結果を図7-17に示した。

　図中のHFの値は，副交感神経の値であり，値が高いほどリラックスしており，値が低いほど緊張していることになる。オープニングからお見送りまでの20のイベントごとで，3つの曲線間の相関を求めた。どちらの披露宴でもプランナーとスタッフの感動曲線の間では相関が見られたイベントが多かったが，プランナーとHF，スタッフとHF間ではほとんど相関が見られなかった。また，プランナーとスタッフ間において，新郎新婦入場とエンディングロールのイベントでは，どちらの披露宴でも相関が見られなかった。

　また，スタッフ，プランナーの曲線による評価値の値が大きく，

7章　評価の時系列性　*141*

感動の度合い

		小　　　　　　　中　　　　　　　大
12:00	ウェディングパーティー	感動曲線
	新郎新婦入場	
	ウエルカムスピーチ	
	主賓挨拶	
	主賓挨拶	
	新郎新婦紹介	
	乾杯	
	ゲストスピーチ	
	ゲストスピーチ	
12:44	新郎新婦中座	
	プロフィールDVD	
13:25	新郎新婦入場	
	テーブルサービス	
14:10	鏡開き	
	プロフィールDVD	
	祝電披露	
	お手紙	
	記念品贈呈	
	謝辞	
14:25	新郎新婦退場 エンディングロール	
14:30	お見送り	

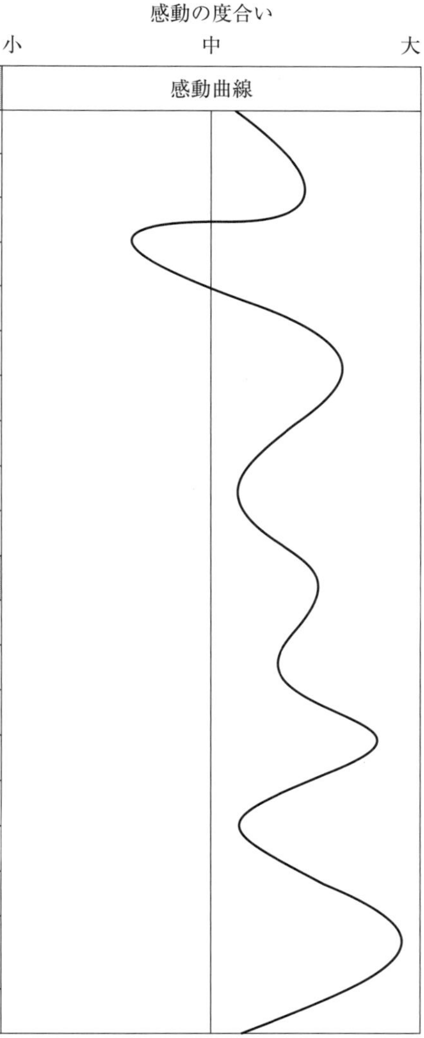

図 7-15　感動曲線の記入例

142

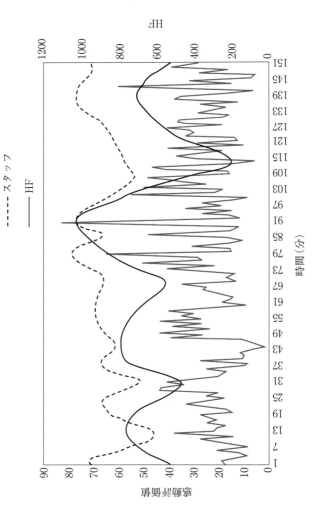

図7-16 披露宴①:時系列における3曲線の変化

7章 評価の時系列性 143

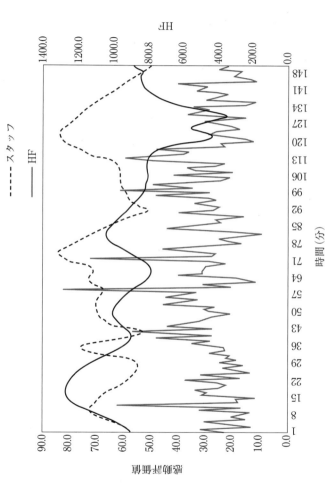

図7-17 披露宴②：時系列における3曲線の変化

HFの値が低いほど興奮して緊張している，つまりよりこころが動いている状態であると考えられる。グラフ中のスタッフとプランナーの線を見てみると，増減の幅，タイミングに多少のズレはあるものの，時系列に伴う全体の流れは類似していた。

結婚式をプランニングする際には，スタッフとプランナー間での情報共有をより密にし，新郎新婦に合わせたプランナーの意図を，より明確にする必要がある。これらのことを意識することによって，よりよいプランニング，新たなプランニングに繋がるのではないかと考えられる。

6　曲線描画法の展開

前節では，曲線描画法に関して，おいしさや感動などの単一の側面の時系列評価であった。現実的には，多様な側面の時系列評価が必要な場面がある。そこで，同時に複数の側面での描画法が可能かどうかについて考えてみる。

ある芸術活動のワークショップを経験した後で，その内容に関する授業を受講したときの受講者を参加者とした。その芸術活動に関する評価をVAS法で授業開始前に，芸術活動の制作前，制作中，完成後の3つの場面での気持ちについて思い出して答えてもらった。曲線描画法は講義中の気持ちの変化を知るために使用した。前半，中盤，終盤と時間の経過とともに変化する気持ちを，授業終了後に曲線で描いてもらった。VAS尺度の評価用紙で解答してもらった気持ちは一体感，安心感，高揚感，理解度の4つ

であり，曲線描画法ではこれら4つに加え講義の面白さについても解答してもらった。

　図7-18から図7-22は，ある受講者の曲線描画結果である。5つの側面で，かなりの違いが見られ，それぞれの気持ちの変化が表現されているように見える。他の受講者も同様に違いが表現されていた。

　この芸術活動を思い出してのVAS尺度結果と曲線描画結果とは，ある程度の対応があると考えられる。そこで，2つの結果では単位が異なるため，相対的なばらつきを示した変動係数を使用した。VAS尺度は制作前，制作中，完成後の変動を使用し，曲線を数値化し講義中の変動を使用した。図7-23に一体感の散布図，図7-24に安心感の散布図，図7-25に高揚感の散布図，図7-26に理解度の散布図を示す。VAS尺度と感動曲線の変動係数の相関係数は，一体感は正の相関があり，安心感ではやや正の相関があった。高揚感と理解度ではほとんど相関がなかった。

　このように，多様な側面に対する曲線描画を同時に参加者に求めたとしても，十分にこころの動きを推論できる結果が得られる。ひととものとの関係を中断することなく，時系列評価を得る手法として，曲線描画の可能性がある。しかし，この手法は，記憶を手がかりとしているために，長時間を経過した描画では，時系列上の手がかり，結婚式では各イベントの表記であり，授業では前中後の手がかり，を示す必要がある。時系列の関係を，中断するか記憶に頼るかは，評価状況により異なることになるであろう。

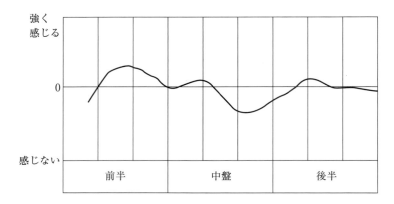

図 7-18　一体感の曲線描画

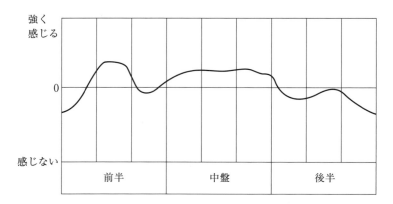

図 7-19　安心感の曲線描画

7章 評価の時系列性　147

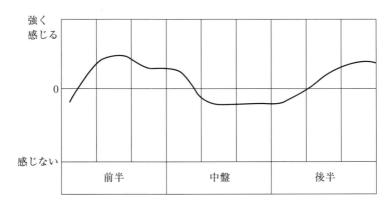

図 7-20　高揚感の曲線描画

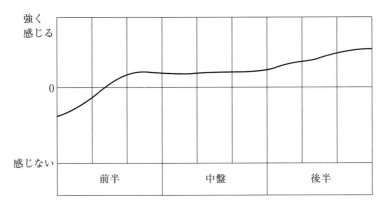

図 7-21　理解度の曲線描画

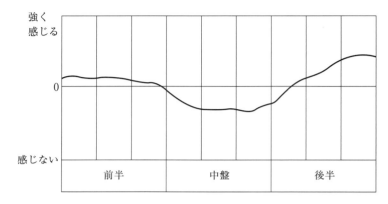

図 7-22　面白さの曲線描画

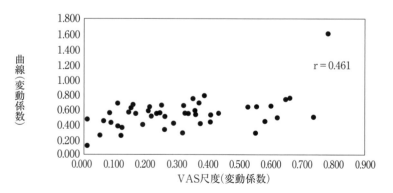

図 7-23　一体感の散布図

7章 評価の時系列性 149

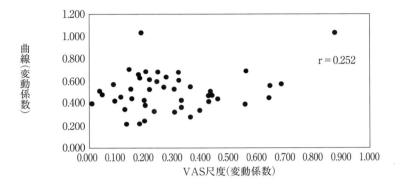

図7-24 安心感の散布図

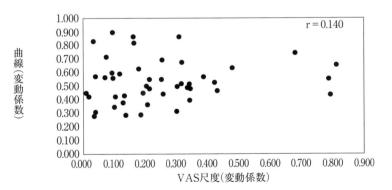

図7-25 高揚感の散布図

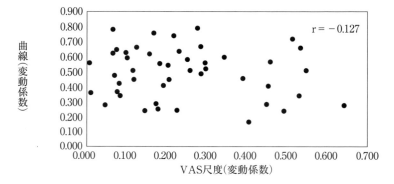

図 7-26　理解度の散布図

8章

ものづくり心理学の可能性

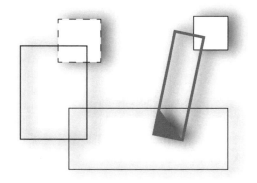

1 ものづくりの流れの中で

ものづくりの流れを考えてみる。図8-1のように，種々の調査結果と作り手のブランドイメージと顧客のブランドイメージとの関係から，これから作ろうとしている製品のコンセプトが明確化される。そして，このコンセプトに見合うような品質構成が特定されることになる。この品質に対応した物理的属性値が決まることで仕様書が作成され，工場の生産現場が動き出す。出来上がった製品に対して広告・宣伝活動が行なわれ，営業活動によって顧客の手元に届くことになる。営業活動によるサービスや顧客満足が，顧客の購買行動やその後のブランドイメージを決めることになる。

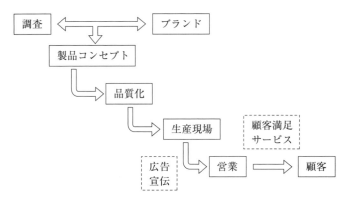

図8-1 ものづくりの流れ

このように，ものづくりの一連の流れを考えてみると，すべてのフェーズに，作り手と顧客とのこころの働きとしての心理学的側面が存在する。作り手と顧客とのブランドイメージのギャップ，コンセプトを顧客がどのように受け止めているのかから特定される品質構成，工場での微妙な作りこみに込められた思い，さまざまな営業活動，製品や営業活動や広告・宣伝などの顧客の受け止め，などなど，こころの働きを抜きに考えることはできない。

従来の人間工学のように，生産現場の問題に関しては多くの研究がある。営業活動に関しては，コミュニケーションの有り様も含めて心理学の視点からの多くの指摘がある。サービスや顧客満足については，人間工学や感性工学からのアプローチがある。顧客の購買行動を含めた消費者行動に関しては，消費者心理学の多くの研究がある。しかし，品質化を含めた，ものづくりの源流部分に関する，心理学からの関わりがあまり多くない。このような空白を埋める試みを，本書では展開してきた。

2　心理学への多様な展開

従前の心理学であっても，ものづくりにさまざまな形で貢献している。例えば，刺激の物理量を変化させてこれらの評価結果との関係を求める際に，マグニチュード推定法が使用される。物理量を S，評価値を R とすると，$R = cS^n$ の関係が成立する。c と n は定数で，n は特性指数と呼ばれ，刺激属性に特有の値を示すといわれている。この方法では，基準になる物理量の刺激を

「100」とすると,各刺激がいくつに相当するかを比例的に表現する。8割方であれば「80」で,1.2倍であれば「120」となる。この関係式の両対数を取ると,$\log R = n \log S + \log c$ となる。

ここで,S をある缶コーヒーの甘みの量とする。複数の甘みの量での評価結果から,この関係式が求まる。もちろん,すべての甘みの量で評価を得ることはできない。限られた範囲の中で評価が得られる。今,甘みの量の Sa と Sb の間で評価結果(Ra から Rb)が得られたとする。図8-2の実線がその結果である。この関係式が得られていれば,次の製品開発に際しての品質を決める物理的属性値の特定が容易になる。製品 a の1.7倍の甘さの製品 c を開発したければ,この式の補間から c の物理的属性値の確定が可能になる。また,a よりも甘くない d を開発したければ,この線を伸ばして,補外から物理的属性値 d を確定できる可能性

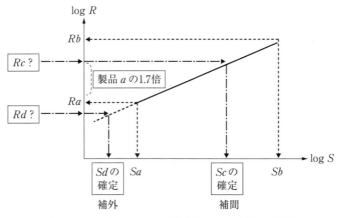

図8-2 マグニチュード推定法による補間と補外

8章　ものづくり心理学の可能性　*155*

が高くなる。心理物理学的測定法で求まった尺度によって，仕様
書の特定が容易となる。

　こころの働きを活かしたものづくりを目指すことは，単にもの
づくりに貢献するだけではない。日常生活で経験するひとともの
との関係を対象とすることで，心理学の新たな研究領域や分野の
可能性が広がる。

　味の記憶について第6章で述べた。このような感覚特に触・
味・嗅覚に関する記憶研究は，従来あまり取り組まれてこなかっ
たが，ひととものとの日常的な関係を考えたときには，香りや肌
触りなど取り組むべき課題は多い。また，評価の時系列性につい
て第7章で述べたが，この時系列性については従前の知覚判断で
は必ずしも扱いきれていなかった課題である。今後は解析手法も
含めて研究の必要がある。

3　ものづくりの新たな指針

　ひととものとの関係の中で，そのものをどのように受け止めて
いるかは，その後のひとの行動を大きく左右する。よくアンケー
ト調査が行なわれている。現行製品が顧客にどのように受け止め
られているかを調査して，今後の広告活動やリニューアルなどの
手がかりを得ようとする。あるいは，新製品を試してもらっての
インタビュー調査が行なわれ，その発話内容の分析から，その発
売やプロモートの仕方が決められたりしている。ところが，調査
結果から推定されたことが実際にはうまくいかない場合が多々あ

る。調査結果では，多くの顧客が買いたいといった新製品が，い
ざ発売してみると思ったほど売れなかったりする。このような事
態では，調査結果の解釈に問題があったり，調査の設計に問題が
あったり，ということが考えられる。

　これらの調査は，言葉で表現されたものであり，通常の解析で
は表面的な結果しか出てこない。ひととものとの関係を考えたと
き，言葉では表現しきれない，あるいは本人も気がつかない側面
があり，このような潜在的な側面が，購買行動などの具体的な行
動を規定している場合が多くある。"何となく"感じている潜在
的な側面の見える化が，こころの働きを活かしたものづくりにと
って重要である。

　このような視点に立つと，多様なものづくりの可能性が見えて
くる。売れない本当の原因が明らかになったり，競合他社品との
違いをどのように受け止めているのかの見える化によってその製
品の改善の方向性が明確になったりする。さらに，製品開発の源
流としてのコンセプトを明確化することができ，このコンセプト
が，本当に顧客に受け入れられるものかどうかの正確な見極めが
可能となる。さらに，企業イメージやブランドイメージに合致す
るような製品開発の展開が行なわれている。このようなイメージ
の明確化が，当然必要になってくるが，イメージには潜在的な側
面が多くあり，単なる言葉だけでは言い尽くせない内容を見える
化することで，そのイメージ範囲に見合った製品開発が可能とな
る。

　ものが物理的に存在しなくても，ひとがイメージ上でものを構

成できれば評価は可能である。例えば，ブランドイメージや商品コンセプト，サービスや旅行のパンフレットやプロジェクト案の選定などでも，ある程度明確なイメージが出来上がれば評価はできる。このように，事前に評価対象を具体化できなくても，つまりイメージ上でのものを対象とするということである。評価事態としては，ものが存在しないため，イメージ上で「IF-THEN」を行なってもらうという意味で，"IF-THEN 型官能評価" と呼ぶことができる。

　この手法を使うことで，作り手が持っているイメージと顧客が持っているイメージの重なり部分と，顧客が独自に持っている部分が明確化でき，顧客のブランドイメージに合致した商品展開の可能性が出てくる。「もしこのようなときに，この製品と接したらどのように感じるか」を評価してもらう。もしの状況がブランドイメージに見合っていれば，その時の評価結果と，一般的な状況での評価結果に大きなギャップは生じていないであろう。であれば，そのもしの状況に見合った製品開発を行えば，顧客のブランドイメージに合った製品となり，十分に受け入れてもらえる可能性があるということになる。

　技術開発は，その技術を受け入れるひとがいて初めて価値を持つ。ひとと技術の関係性が，今後の技術開発にとって重要である。このような意味で，ひとのこころの働きを考えることは必要である。こころの働きを活かしたものづくりとして，「ものづくり心理学」の可能性がある。

文　　　献

Algom, D.(Ed.)　1992　*Psychophysical approaches to cognition.*
　　Amsterdam：Elsevier.

阿刀田稔子・星野和子　1998　擬音語・擬態語—使い方辞典　創拓社

藤越康祝・菅民郎・土方裕子　2008　経時データ分析　オーム社

行場次郎・鈴木美穂・川畑秀明・山口浩・小松紘　2005　感性印象測
　　定に用いられる形容詞尺度の感覚モダリティ関連性の分析　日本
　　認知心理学会第 3 回大会発表論文集，121.

岩田幸子・神宮英夫　1997　香りの共感覚的表現による化粧品の特徴
　　分析　第 27 回官能評価シンポジュウム発表報文集，131-134.

神宮英夫　1993　スキルの認知心理学—行動のプログラムを考える—
　　川島書店

神宮英夫　1996　印象測定の心理学—感性を考える—　川島書店

神宮英夫　1997　サービスの官能評価—プラスアルファの品質として
　　のサービス—　第 27 回官能評価シンポジウム発表報文集，135-
　　138.

神宮英夫　1999　サービスを品質保証する　第 29 回官能評価シンポ
　　ジウム発表論文集，67-70.

神宮英夫・妹尾正巳・竹本裕子　1999a, b, c　評価用語としてのオノ
　　マトペの役割（1）（2）（3）　第 1 回日本感性工学会大会予稿集，
　　173-175.

神宮英夫　1999　化粧品の香り表現に関する研究　コスメトロジー研
　　究報告，Vol.7，130-137.

神宮英夫　2000　感情を活かしたものづくり—オノマトペの役割—
　　日本人間工学会第 41 回大会講演集，536-537.

神宮英夫　2000　感情を活かしたものづくり—オノマトペによる III
　　型官能評価の可能性—　日本官能評価学会誌，Vol.4，130-134.

Jingu, H. 2001 Time series judgments in *Kansei* evaluation. *Kansei Engineering International*, Vol.2, 1-4.

神宮英夫・小池美矢　2005　IF‐THEN 型感性評価とプロトコールによるブランドマネージメント　第 7 回日本感性工学会大会予稿集, 119.

神宮英夫・高橋正明　2011　化粧品の高級感を規定する要因に関する研究　日本化粧品技術者会誌, Vol.45, 9-13.

神宮英夫・土田昌司　2008　わかる・使える多変量解析　川島書店

神宮英夫（編著）2011　感動と商品開発の心理学　朝倉書店

神宮英夫　2016　これからの官能評価―残された 7 つの課題―　日本官能評価学会誌, Vol.20, 112-115.

神宮英夫・笠松千夏・國枝里美・和田有史　編著　2016　実践事例で学ぶ官能評価　日科技連出版

神宮英夫　2017　曲線描画法による時系列感性評価　第 19 回日本感性工学会企画セッション

Juvia P. Heuchert, Ph. D. & Douglas M. McNair, Ph. D. 著／横山和仁（監訳）渡邊一久（協力）2015　POMS 2 日本語版　金子書房

柿崎祐一　1974　知覚判断（現代の心理学 1）培風館

小島隆矢　2003　Excel で学ぶ共分散構造分析とグラフィカルモデリング　オーム社

松永修平・田手早苗・神宮英夫　2009　味の記憶による飲料の製品開発に関する研究　第 11 回日本感性工学会大会予稿集, 1G3-4.

丸山欣也　1994　共感覚　大山正・今井省吾・和気典二（編）　新編感覚・知覚ハンドブック　誠信書房, pp.82-83.

長里彩子・神宮英夫　2002　共感覚的表現によるコンディショナーの香り表現に関する研究　日本官能評価学会 2002 年度大会講演要旨集, 18-19.

長里彩子・妹尾正巳・神宮英夫　2002　感嘆詞を用いたシャンプーの香りの感性評価　平成 14 年度日本人間工学会関西支部大会講演論文集, 90-91.

日本官能評価学会（編）2009　官能評価士テキスト　建帛社

日本工業標準調査会　2004　官能評価分析—方法（JIS Z 9080）日本規格協会

日本睡眠学会（編）2009　睡眠学　第12章睡眠の研究法（1）朝倉書店

大越ひろ・神宮英夫編著　2010　食の官能評価　光生館

西藤栄子・神宮英夫　2005　商品コンセプト文による感性イメージの解析　第7回日本感性工学会大会予稿集，293.

西藤栄子・神宮英夫　2008　商品コンセプト文に対するイメージとその解析法の開発　日本官能評価学会誌，Vol.12，83-93.

西藤栄子・神宮英夫　2013　雰囲気を官能評価するための試み　日本官能評価学会誌，Vol.17，36-43.

西藤栄子・神宮英夫　2015　雰囲気の時系列官能評価—感動曲線描画法の有用性—　日本官能評価学会誌，Vol.19，20-28.

西藤栄子・神宮英夫　2017　効果的な状況設計のための時系列官能評価の可能性—「感動曲線描画法」による評価と気分の効果—　日本感性工学会誌，Vol.16，1-7.

Saito, H. & Jingu, H. 2013 Difference in Affective Information Processing to the Atomospheres of Wedding Party between High and Law Sensitivity Participants. *International Journal of Affective Engineering*, 12, 361-364.

櫻井広幸・神宮英夫　1997　香料の共感覚的表現　日本官能評価学会誌，Vol.1，41-55.

妹尾正巳・竹本裕子・神宮英夫　2002　化粧水連用による官能評価の変化　日本官能評価学会誌，Vol.5，116-120.

城崎美保・神宮英夫・國枝里美　2008　高齢者における香りを用いた行動変容に関する研究　第10回日本感性工学会大会予稿集，22 A 03.

Stevens, J. C. & Marks, L. E. 1980 Cross-modality matching functions generated by magnitude estimation. *Perception & Psychophysics*,

27, 379-389.

竹本裕子・妹尾正巳　2000　スキンケア化粧品とオノマトペ評価　第30回官能評価シンポジウム発表報文集，35-40.

竹本裕子・妹尾正巳・神宮英夫　2001　スキンケア化粧品のオノマトペと感嘆詞による評価　日本官能評価学会誌，Vol.5，112-117.

田手早苗・小池美矢・神宮英夫　2006　IF-THEN型官能評価による風味改良手法　日本官能評価学会誌，Vol.10，100-104.

索　引

あ 行

味の記憶	137
アミラーゼ	71
異種感覚間マッチッング	
（cross-modality matching）法	
	120, 130, 134
一対比較法	23
IF-THEN 型官能評価	157
意味空間 （semantic space）	38
因子分析	38
浦の変法	23
HF （高周波成分：0.15 ～ 0.4Hz）	
	62
SD （semantic differential）法	36
LF （低周波成分：0.04 ～ 0.15Hz）	
	62
オノマトペ	14, 38, 91

か 行

解析的アプローチ	2
外的心理物理学	
（outer psychophysics）	31
外部情報	90, 116
格付け法	23
感性イメージ解析法	102

感性工学	153
感嘆詞	41
感動曲線	140
官能検査 （sensory test,	
inspection）	20
官能評価 （sensory evaluation）	4
官能プロファイル	35
顔面温	62, 127
記憶心理物理学 （memory	
psychophysics）	121
擬音語	14
記述的試験法 （method of	
descriptive test）	34
擬情語	15, 91
擬態語	14
QDA （quantitative descriptive	
analysis：定量的記述的試験）法	
	23, 35
共感覚 （synesthesia）	16
共感覚的表現	15
共感覚的表現用語	82
曲線描画法	120, 139, 145
グラフィカル・モデリング	
（Graphical Modeling）	
	50, 71, 100, 105
ケンドールの一致係数	55
交感神経	62, 70, 128
構造方程式モデリング	108

個人間差	24	専門評価者（expert）	26
個人差	24	総合評価	5
個人内差	24		
個別評価	5		

さ　行

た　行

採点法	23	代表的な人（general person）	26
三点推定法	74	多感覚情報処理	13, 139
シェフェ（Scheffé）の方法	23	食べたくなさ総合指数	93
時間強度法（method of time		食べたさ総合指数	93
intensity）	119	探索的因子分析	108
識別試験法	21	知覚判断	20, 155
色聴	16	中間評価	5
視線解析	53	テキスト型データ	61, 102
主成分分析	36	Temporal Dominance of	
順位法	22	Sensation（TDS）法	119
情緒的意味	36	等級付け	23
消費者心理学	153		
初心者（novice）	26		

な　行

食感（テクスチャー）	22, 38	内的基準（internal criterion）	13
自律神経	62	内的心理物理学（inner	
心理学的尺度		psychophysics）	12, 31
（psychological scale）	28	内部情報	90
心理物理学		中屋の変法	23
（psychophysics）	12, 31	人間工学	153
心理物理学的測定法	155	noise free situation	26
推移確率	47		
睡眠ポリグラフ検査	64		

は　行

スピアマンの順位相関係数	54	配偶法	23
設計的アプローチ	3	芳賀の変法	23
潜在性	31	VAS（visual anlog scale）法	

	62, 144
評価の階層性	5, 29
評定法	35
品質管理（quality control）	20
フェヒナー（Fechner, G. T.）	
	12, 31
副交感神経	62, 128, 139
フロイト（Freud, S.）	12, 32
プロファイル分析	35, 137
分類法	22
ペルソナ	3
偏相関係数	50
変動係数	145

補外	154
補間	154
POMS 2	123

ま　行

| マグニチュード推定法 | 121, 153 |

や　行

| ユーザーエクスペリエンス | 122 |
| ユーザビリティ | 2, 122 |

著者紹介

神宮英夫（じんぐう・ひでお）

1975 年	東京都立大学人文学部卒
1977 年	東京都立大学大学院人文科学研究科修士課程（心理学）修了
1984 年	東京学芸大学教育学部助教授
1998 年	明星大学人文学部心理学科教授
2000 年	金沢工業大学工学部教授
現　在	金沢工業大学副学長（研究支援担当） 金沢工業大学情報フロンティア学部心理情報学科教授 金沢工業大学感動デザイン工学研究所所長　文学博士
主　著	『時間の内的過程の研究』（風間書房） 『印象測定の心理学―感性を考える―』（川島書店） 『はじめての心理統計―統計モデルの役割と研究法を考える―』（川島書店） 『感動と商品開発の心理学』（朝倉書店） 『実践事例で学ぶ官能評価』（日科技連出版）

ものづくり心理学
　―こころを動かすものづくりを考える―

2017 年 12 月 21 日　第 1 刷発行

著　者　神　宮　英　夫

発行者　中　村　裕　二

発行所　㈲川島書店

〒165-0026
東京都中野区新井 2-16-7
電話 03-3388-5065
（営業・編集）電話 048-286-9001
FAX 048-287-6070

ⓒ2017
Printed in Japan

印刷 製本・モリモト印刷株式会社

落丁・乱丁本はお取替いたします　　振替・00170-5-34102

＊定価はカバーに表示してあります

ISBN978-4-7610-0921-2　C3011

星と波描画テストの発展

ダフネ・ヤローン 杉浦京子 監訳

有効なパーソナリティ・テストである星と波描画テストの，四大陸で過去25年間に蓄積されてきた理論・研究・実践を統合。内的世界の洞察を得ることができる本テストは，効果的なスクリーニング・ツールを提供し，根源的な風景の読み解きの手引きを目指す。　★B5・292頁 本体3,800円
ISBN 978-4-7610-0901-4

社会的ライフスキルを育む

吉井勘人・長崎勤・佐竹真次・宮崎眞・関戸英紀・中村晋
亀田良一・大槻美智子・若井広太郎・森澤亮介 編著

発達障害の人たちの社会参加に向けた社会的ライフスキルの活用を，生活に必要なソーシャルスクリプトの獲得によって，生活の豊かさ（QOL）や暮らしの再構築の実現を目指す発達支援の書。インクルーシブ教育に向けて，明日の支援に活かすガイドブック。　★B5・152頁 本体2,000円
ISBN 978-4-7610-0906-9

教育心理学エチュード

糸井尚子 編著

今，教育の現場にいる人たち，教育心理学を学んでいる学生への専門的な学習・研究のための，第Ⅰ部「教科学習の認知心理学」・第Ⅱ部「子どもとおとなの適応の心理学」の二部構成の基本書。未来への懸け橋をつなぐ教育心理学の新しいエンサイクロペディア。　★A5・320頁 本体2,800円
ISBN 978-4-7610-0885-7

投映描画法テストバッテリー

杉浦京子・金丸隆太 著

投映描画法テストバッテリーは，星と波描画テスト（SWT），ワルテッグ描画テスト（WZT），バウムテスト（BAUM）の３つを用い，すぐその場でテストについて話し合うことで心理療法を展開することができる。すべての年齢層の臨床に役立つ臨床テスト法。　★A5・184頁 本体2,800円
ISBN 978-4-7610-0888-8

育児日記が語る 赤ちゃん心理学 Ⅰ

田子亜木子・中野尚彦 著

子育ては謎解きの連続でした。それを書き留めてきただけの育児日記ですが，子どもについてのたくさんの発見を記録しておく場になりました。…本書は，娘の「育児日記」と，心理学者の父による日記の読み解きとからなる，親子コラボレーション。　★四六・168頁 本体1,900円
ISBN 978-4-7610-0905-2

川 島 書 店

http://kawashima-pb.kazekusa.co.jp/ （価格は税別 2016年12月現在）

日々の生活に役立つ心理学

大木桃代・小林孝雄・田積徹 編著

科学的な理論に基づいた心理学の知識をできるだけわかりやすく記すと同時に，日常生活での応用事例を豊富に掲載し，理論と応用を融合させた心理学テキスト（2色刷）。日常生活への応用を思い巡らせて，心理学を身近に感じることを意図した新しい入門書。　★A5・280頁 本体2,800円
ISBN 978-4-7610-0897-0

遊びの保育発達学

小山高正・田中みどり・福田きよみ 編

発達心理学を中心に近接領域をも包含して，遊びに関する幅広い考察を行なうという意図を基に，20年余の遊び研究の進展に合わせて幅広い分野から専門の研究者が多角的にアプローチし，遊び研究の面白さを浮き彫りにしていく。日本における「遊び学」発展の礎。　★A5・246頁 本体2,400円
ISBN 978 4 7610 0898 7

さらに／思いやりを科学する

菊池章夫 著

『また／思いやりを科学する』（1998）の改訂版。思いやり行動と共感などとの関係を多面的に検討。「KiSS-18研究の現状」では，社会的スキル尺度についての250編以上の研究をまとめた。多年にわたる思いやり行動と社会的スキルの研究のほぼ最終的な集成。　★四六・318頁 本体2,900円
ISBN 978-4-7610-0899-4

フレーベル教育学研究

豊泉清浩 著

従来のフレーベル研究では，どちらかといえば，幼稚園に力点が置かれてきたが，本書では，彼の独特な世界観・教育思想（球体法則）を新たにユングの分析心理学，とりわけ元型論を方法とし，父性と母性の観点から考究を試みる，著者長年の研究の集大成。　★A5・324頁 本体5,000円
ISBN 978-4-7610-0900-7

社会化研究「序説」

菊池章夫 著

社会化研究の動向と課題を，Ⅰ．社会化研究の"射程"をその定義やモデル，近年の研究動向や課題でまとめ，Ⅱ．この概念を"展開"させることで理解が深められる問題のいくつかを論じ，Ⅲ．個別的社会化の一例としての"政治的社会化"について論考する。　★A5・198頁 本体2,500円
ISBN 978-4-7610-0874-1

川 島 書 店

http://kawashima-pb.kazekusa.co.jp/ （価格は税別 2016年12月現在）

自閉症児に対する日常の文脈を用いた言語指導

関戸英紀 著

自閉症児者に対する言語・コミュニケーション指導とその般化について，日常の文脈を用いた指導法である「機会利用型指導法」，「共同行為ルーティンを用いた指導法」に基づく6つの実践研究を紹介し，その支援の有効性を検討，般化の重要性を指摘する。　★A5・152頁　本体2,800円

ISBN 978-4-7610-0911-3

よくわかる臨床心理学・第二版

山口創 著

「幼児虐待」「いじめ」「DV」「ストーカー」「アダルトチルドレン」など今日話題なっている心の問題に起因する多くの事例・トピックスをとりあげ，その研究成果を提供する。科学的な臨床心理学の必要性を提起する新しい臨床心理学のテキスト・入門書。　★A5・212頁　本体2,200円

ISBN 978-4-7610-0914-4

新版 身体心理学

春木豊・山口創 編著

心の形成やメカニズムの理解，心の育成の方法を考えるための新しい研究領域を提起する本書は，心理学のみならず，生理学，教育学，哲学，体育学など多岐にまたがる分野において，身体に視座を据えた，人間理解への新たな方法を提供する研究書。　★A5・306頁　本体3,500円

ISBN 978-4-7610-0912-0

脱マニュアルのすすめ

伊藤進 著

マニュアルの弊害を極力抑え，誰もが創造力を発揮できるようにするにはどうしたらよいか？　本書では今日のマニュアル時代の文脈に位置づけて創造力の重要性をとらえ直し，それを発揮するにはどうしたらいいか，その逆説的方法を説く。　★四六・228頁　本体1,800円

ISBN 978-4-7610-0908-3

はじめての ナラティブ/社会構成主義キャリア・カウンセリング

渡部昌平 著

本カウンセリングは，これまでの過去・現在に対する意味づけから未来を想像するというスタイルを脱構築し，クライエントのナラティブを引き出して，望ましい未来から現在・過去を再構築する，未来志向の新しいカウンセリング論。　★A5・116頁　本体1,600円

ISBN 978-4-7610-0910-6

川 島 書 店

http://kawashima-pb.kazekusa.co.jp/　（価格は税別 2016年12月現在）